時魔女のススメ

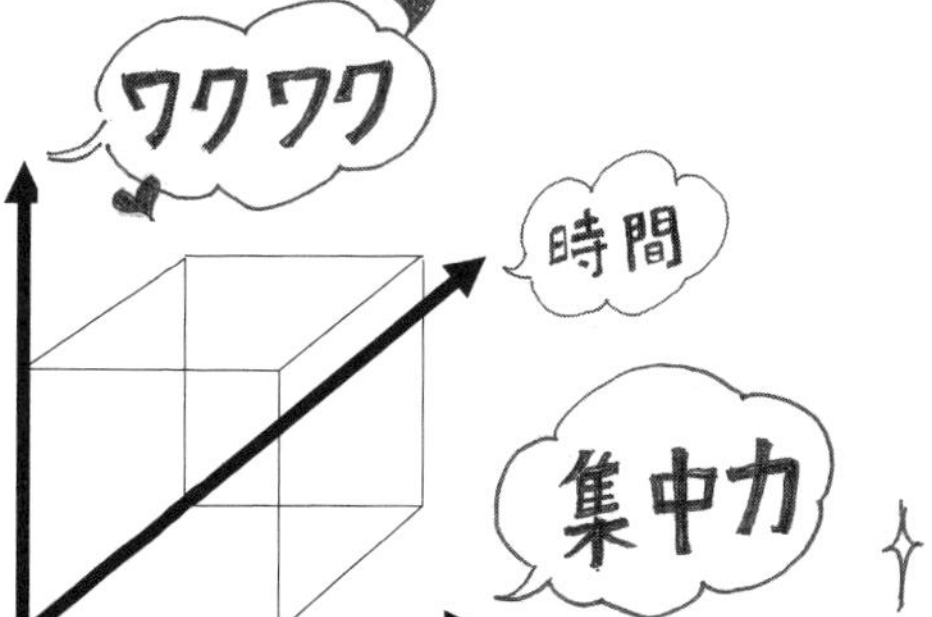

まえがき

「時間の常識」をひっくり返せば、時間が増える、人生は無限に広がる！

カミングアウトさせていただきます。実は、私……変態なんです（ポッ）。

子供の頃、好きなものって何でした？　お人形、乗り物、プラモデル、ペット…などでしょうか？　私の場合は……「時間」でした（笑）。

魚大好きの方が魚を食べ切った後、美しいばかりの骨格標本が残るように、私の場合は「まったく無駄なく時間を使い切る」ことが大好きだったのです。でも、魚の骨と違い、時間は目に見えません。そこで、中学時代からスケジュール帳を愛用し、毎日24時間を管理していました……「分刻み」で！　魚好きが「ここが旨いんだよ～」と骨の回りの身をしゃぶり尽くすように、わずかな隙間時間を見つけては「なにか有効活用できないか？」と日々、時間とのバトルを繰り広げていました。

……そうなんです、実は私、時間を偏愛しすぎる「時間の変態」だっ

手帳マニアの原始人

中１の時から「手帳マニア」でした。今、手帳をインスタで公開するのが流行っていますが、まさに私はその生きた化石？　昔は、スケジュールを書き込むことに凝りすぎて、気が付けば３時間…宿題をする時間がなくなった…なんてことも（まさに本末転倒）。手帳ではなくノートの取り方（勉強術）に時間を費やしていたら、東大に受かっていたかもと悔やまれます（笑）。

たのです!!

私は「時間使いの魔女」だった…。

ただ、ある方に出会うまでは「自分は人とは違う」とはまったく気づかず生きてきました。「そこに時間があるから、時間を使い切りたい」だけのナチュラルボーン時間使い魔（名付けて時魔女）の私だったのですが、この本の出版社代表から「あなたの時間の使い方は変態です！ でも絶対、時間が足りない現代人のコロンブスの卵になる!!」と言われ、今まで40年以上にわたり溜め込んだノウハウを一冊の本にまとめることにしたのです。

「整理整頓」…私にとっては時間のムダ！

私はいわゆる「お片づけ」はいたしません。カテゴリー別に分類して収納するのは、分かりやすさやスペースの効率で有効かもしれませんが、畳んで隙間なく収納したり、いざ使う時に各所から取り出すのに、時間のロスが発生します。私の場合は、見た目やスペースの効率を無視して「時間軸」でまとめ、定位置に「置いておく」だけです。ジョギングだったら、キャップやウェア、ソックス、タオル等をまとめておきます。

ちなみに衣類は下着を除き、すべてクローゼットに「ハンガー収納」です。畳んで収納する手間がなく「見える化」することで、探す手間がありません。ハンガー収納のキャパシティしか服は持たず、

「空間」よりも「時間」の節約

汚部屋は「あれがない、これがない」とモノを探すのにムダな時間を使っています。１日３分探しものをしているとすると、１ヶ月で約 90 分もの時間を使っていることに。90 分あればできることがたくさん見つかりそうですね!! ところでコンパクトに畳んで分類収納する「お片づけ」は、空間のムダを無くすのに有効ですが、その分、時間を消費してしまう可能性もあります。時魔女の片づけの基本は「目的別」と「見える化」です。

増えてしまったり着なくなった服は1年に2回「自宅フリマ」を開催し友人たちに譲っています。

夕ご飯は、朝につくる!

多くのお母さんが、夕ご飯の残りを翌日の子供のお弁当に再利用しているかと思いますが、私の場合は逆の発想です。

朝、お弁当を作る時「夕ご飯も一緒に作る」のです。これなら効率が良いのはもちろん、夜、仕事で疲れ果てて帰ってもご飯を作らずに済みます!!

時魔女の辞書に「後退」の文字はない

また、行動する時は「動線」を事前にシミュレートしてから動きます。無駄な動き（＝時間の無駄）をしたくないからです。自宅内でどこかにモノを持っていく際は、必ず何かモノを持って帰るようにしています。買い物に行く際は、買うものを事前にメモし、店を回る順番はもちろん、店内の動きも「一筆書き」になるよう歩きます。後で買い忘れに気づいても戻りません……たまに買い忘れることもありますが、そんな時は献立の方を変えます（笑）。

損得とか理屈抜きに、とにかく「時間の無駄」が嫌いな性分なのです…。

右側のお店が嫌いな理由

クルマの運転中は、基本的に左側にあるお店に入っていきます。右側のお店は、帰りの際、左側になった時に入ります。右折して入る少しの時間もムダにしたくないのです（笑）。信号待ちや渋滞は、顔ヨガや発声の時間にあてています。

時間はきっと「3次元」のはず！

ところで皆さん、「時間は平等、誰でも1日は24時間」だと思い込んでいませんか？　私はある時、ふっと気づきました……「きっと違う」と。1日24時間を完全に使い切ることに情熱を燃やし、極限まで時間の効率を突き詰めてゆくにつれ、時間の本質が次第に見えてきたのです。

「時間は、長い短いの、長さ（1次元）だけではない」と。

……時間には「太さ（体積）」もあるのではないか!?

今までの時間偏愛の経験から推察すると「時間は3次元で出来ている」と考えるのが一番しっくり来るのです。具体的には、時間と

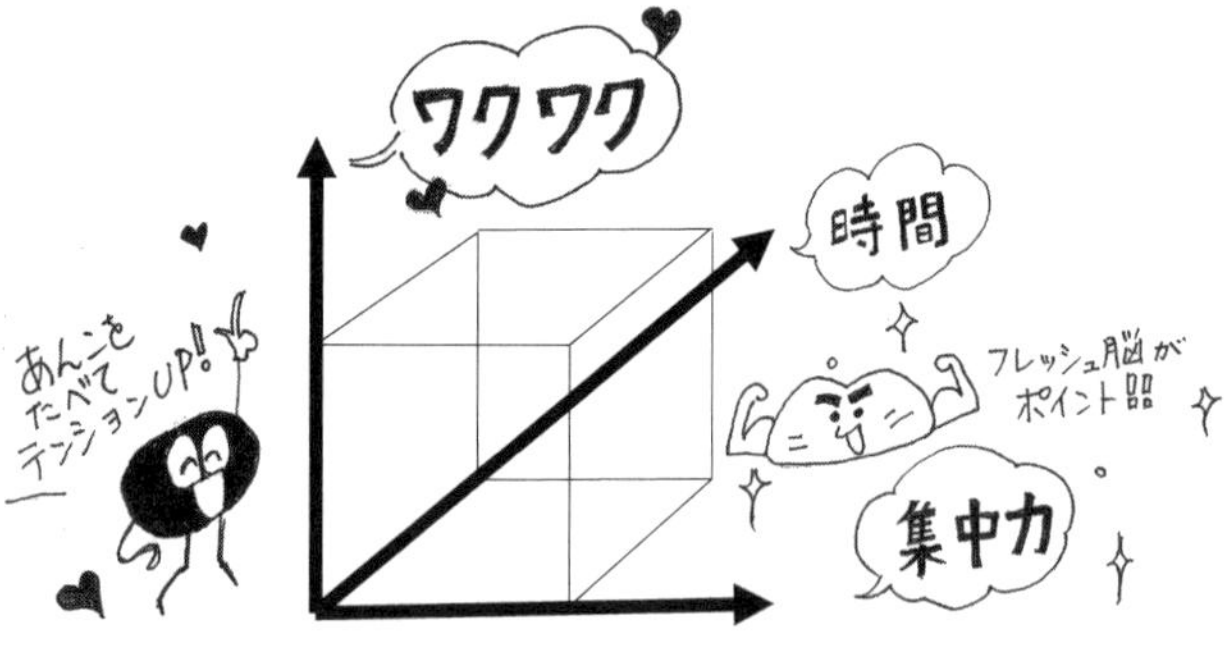
ワクワク
時間
集中力
フレッシュ脳がポイント!!
あんこをたべてテンションUP!

これがタイムスペースだ！

は「(時間の)長さ」の他、「テンション、ワクワク(心)」と「集中力(脳のフレッシュさ)」の3次元、名付けて「タイムスペース」で出来ていると思うのです(図解を参照)。

ワクワクと集中力で「時間は増えます」

集中したりワクワクすると時間がゆっくりすぎるように感じるのは「タイムスペースが急激に広がる」から。プロ野球選手はホームランやヒットが打てる時「球の速度がゆっくりと感じる」そうです。昔、交通事故にあったとき、車が回転するのがゆっくりと感じ、エアバッグが開くのがスローモーションで見えたことがあります。これも極度の集中力で「タイムスペースが急激に広がった」から。

逆に、渋々残業すると効率が下るのは「テンションと集中力が落ち、タイムスペースが狭くなる」から、なのです。「好きこそ物の上手なれ」は、ワクワクしながら学べば、タイムスペースが広がり、人の何倍もの時間で習得するのと同じ効果が得られるから、なのです。時間の正体とは「心と脳が作り出す幻想（＝名付けて時感、またはインナー時間）」といっても過言ではありません！

つまり、時間を最大限有効に使うカギは、無駄を無くすことはもちろん「タイムスペース」を広げることが非常に大切なのです。いつも前向きでストレスなく、上機嫌な人は、タイムスペースが広い人です。思えば私も、子供の頃から母に、ポジティブ思考を叩き込まれて育てられました（後述しますが、交通事故にあった私に「よかったね〜」と言う母です）。

今こそ、無限に広がる時間の旅へ！

私の時間の使い方は、はっきり言って非常識（変態）です。でも、この本を読み終えた後、時間も人生も、あなたの気持ち（ワクワクと集中力）次第で、無限に広がっていくことをヒシヒシ実感できるはずです。さあ「時間の常識」は置いて、時魔女（私）と一緒に、ドキドキの「時間の魔法」の旅へと出かけましょう。

はじまり、はじまり～ビビデバビデブー～♪

時魔女の食事

人間、美味しいものを食べるとテンションが上がります。食事は栄養補給だけでなく「テンション補給アイテム」でもあるのです。なので、私は食事は一食たりともおろそかにしません。ランチに「今日は大好きな〇〇を食べに行くんだ」と決めておくと、午前中の集中力がケタ違いに上がります。また、美味しいものは夜ではなく、朝に食べるのもおススメです。以前、いただき物の１万円の完熟マンゴーを翌朝食べると決めていた時は、朝「ガバーッ」とテンション爆上げで起きられ、またその日一日ずっと超ハイテンションで過ごせました（笑）。

時魔女のススメ☆もくじ

まえがき

第1章　マルチタスクの女になる

第2章　集中力で時間を止める

第3章　心のテンションは、時間の魔法の杖

第4章　タイムスケジュールで時間を完全見える化

第5章　時間持ち体質の作り方

第6章　睡眠を制する者は時感を制する

私たち
あつ子さんの
テンションアップを
おうえんします！！
おはぎちゃん
おはぎの妖精
ゆでたまちゃん
ゆでたまごの妖精

第1章 マルチタスクの女になる

時間の「収納力」を上げて、時間を増やそう！

「あ～忙しい、忙しい！」と毎日バタバタしていて「時間が全然ない!!」と、いつも慌ただしく感じているそこのアナタ……もしかしてアナタの時間、「汚時間」になっていませんか？

え？「汚時間」って何？…「汚部屋」は聞くけれど「汚時間」は聞いたことがないですよね……でも、実はとても似ています。時間は目に見えませんが、自分の部屋だと仮定して想像してみてください。ゴチャゴチャで整理されていない、どこに何があるのか分からない、足場もなくなって動きが取りづらい部屋……そう、それが今の「アナタ時間」です。

「汚時間」を「美時間」に変える

では「汚時間」とは、もっと具体的にどういう状態の時間でしょうか。私が考える汚時間とは「目的がきちんと決まっていない時

時魔女と汚時さんの違い①

時魔女と汚時さん（汚時間が多い人）の一番の違いは「時間が見えている」か。キレイな部屋と汚部屋の違いは一目見ればすぐ分かり「あ〜っ、片付けなくちゃ」となりますが、汚時間はなかなか自覚できず、気が付かないまま。ただ何となくダラダラとTVやインターネットを見ていたら1日が終わった……まさに時間の「生活習慣病」です。空虚な汚人生になる前に、スケジュール帳で時間を可視化（時間の健康診断）しましょう！

間」です。例えば、仕事の合間、休憩のためにカフェでお茶しながらボーっとする……これは決して非生産的な汚時間ではありません。「リラックス」することが目的の、立派な「美時間（目的がきちんと定まった有意義な時間）」といえるでしょう。

逆に、なかなか「やる気スイッチ」が入らず、ついダラダラと過ごしてしまった。休日、何をしようか考えているうちにボーッとテレビを見て過ごしてしまった……これこそがまさに「汚時間」です。もちろん、ダラダラ自体が悪いわけではなく（人間をはじめ、動物はみんなダラダラが大好き）、ダラダラもあらかじめ時間を決めて行っているのなら、休息という「美時間」に変わります。

また、日常生活に発生しがちな「5分」や「10分」の「隙間時間」も、汚時間になりがちです。これらを「美時間」に変えるだけで、使える時間は飛躍的に増えていきます。

マルチタスクは最高の美時間

そんな「使える時間」を増やす方法のひとつが、「マルチタスク」です。1つ1つ順番にやるより、同時並行でやったほうが、時間の活用度は「倍」になります。料理や家事や育児など、女性はもともと「マルチタスク」の能力が非常に高いと思います。

ただし、気を付けたいのが「何と何をするか」が明確ではないと「あ〜、あれもしなきゃ、これもしなきゃ」と頭の中がゴチャゴチャになってしまい集中できず、どれもこれも中途半端で非効率な「汚時間」になってしまうことです。

必ず、事前に「この時間は何と何をするか」と「相性の合うセッ

1日はまさに幕の内弁当

起きてから寝るまで、タイムスケジュールがびっちり詰まっていないと気持ち悪いんです。もし、幕の内弁当でオカズを一個入れ忘れていたら、全体がズレてグチョグチョになり大変なことになるじゃないですか。意味のない空白の時間帯は、1日のペース全体を乱す可能性が高いです。

ト」を決めて「習慣化」していきましょう。

固定概念を捨て、朝に夕ご飯を作ろう！

私のマルチタスクの例ですが、一番驚かれるのが「朝、お弁当と一緒に夕ご飯も作る」ことです（あっ、朝ご飯も作るので3食同時ですね）。普通、夕ご飯のオカズの残りを翌日のお弁当に入れるかと思います。しかし、我が家では逆。普通は「あっ、これ昨日食べたオカズだ！」なのが、我が娘はいつも昼、お弁当を開けた時「今日の夕ご飯はこれか〜」なのです（笑）。

なぜ朝に夕ご飯も一緒に作るのか……それは夜に「何もしたくな

い！」から。仕事で疲れ切って帰宅して、その状態から夕食を作るのは、非常に効率が悪い。それならいっそ、テンションMAX状態（超元気！）の朝にまとめて作っておけば……という発想です。固定観念に縛られず、柔軟な発想をすることがマルチタスクの成功の秘訣でしょう。

ちなみに、ご飯はまとめて炊いて冷凍しておき、定番おかずも何種類かまとめて作って冷凍し、日にちを空けてローテーション登板させています。

マルチタスクは組み合わせが肝心

マルチタスクの第一のコツは「頭を使うことは同時にやらない」

食事は食べる順番にもこだわっています。娘や夫の朝食は、食べて欲しい順番にテーブルに並べておきます。

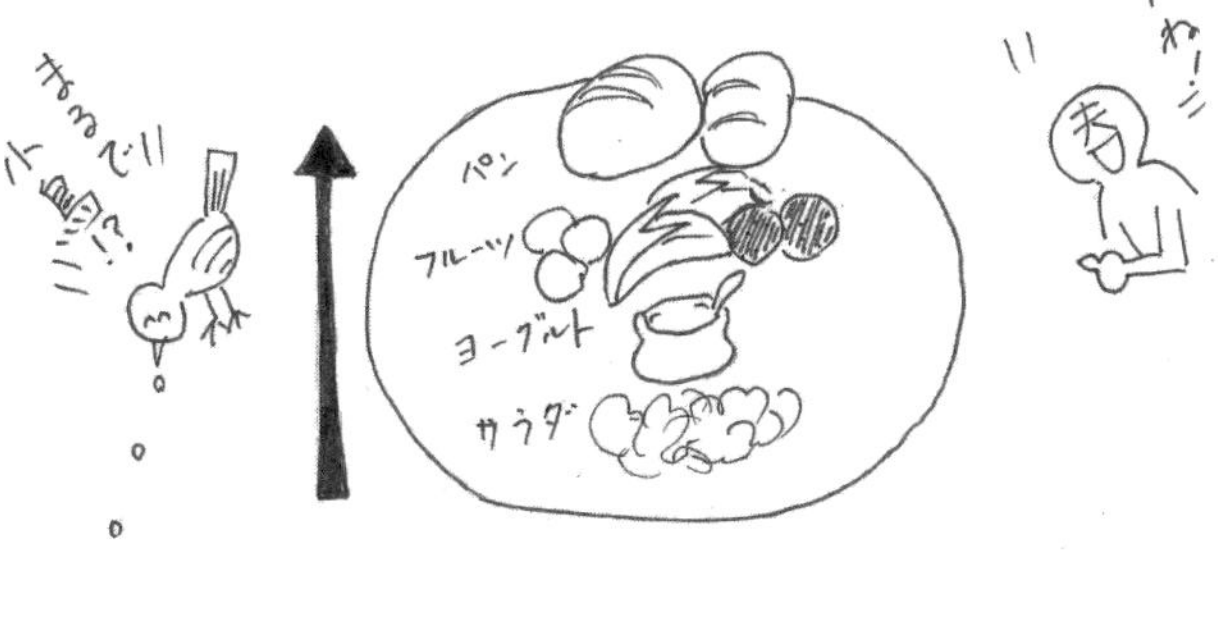

ことです。例えば、見たかった映画のビデオを見ながらスマホでメールを見る……これは、メールを見ている間、映画の内容が全然頭に入ってこないのでNGです。逆に頭を使うこと&頭を使わないことの組み合わせ（映画を見ながらバランスボールでボヨンボヨンと体幹トレーニングなど）、また、頭を使わないことはいくつでも同時におこなってOKです！

頭を使わないマルチタスクは習慣化！

特に頭を使わないことは「ルール化、のち習慣化（無意識にやってしまう）」がオススメです。私の場合は、

○歯磨きをしながらペットボトルを足に挟んで体幹トレーニング（P100～参照）。
○トイレに行くたび、トイレから出る前に1回スクワット。
○シートパックしながらドライヤーする（ドライヤーの熱風から肌の乾燥を守ることができる）。
○食器を洗う際は、ハンドクリームを塗った上に手袋を着け、お湯で洗う（蒸れてハンドケア効果が高まる）。
○車の運転中、信号待ちの際は、顔の体操（図解参照）や発声練習をする。

○タクシーや電車など、移動中に「睡眠補給（爆睡）」（ＴＶ出演前のヘアメイクの20分間もいつも気絶しています）。

○外食に向かう際、移動中（電車やバス、タクシー他）にお店のホームページや口コミサイトを見てメニューを決めてしまう（お店の人のプレッシャー視線を感じずにじっくり選べ、お店で迷う時間が節約できる）。

○エレベーターで昇降中にメールチェック。

○ウォーキング、ジョギング中に「腕振り」運動も（図解参照）。

…等々です。移動中に何かをすることは「移動」ですでに1つタスクを実行しているので即、マルチタスクになるのでオススメです

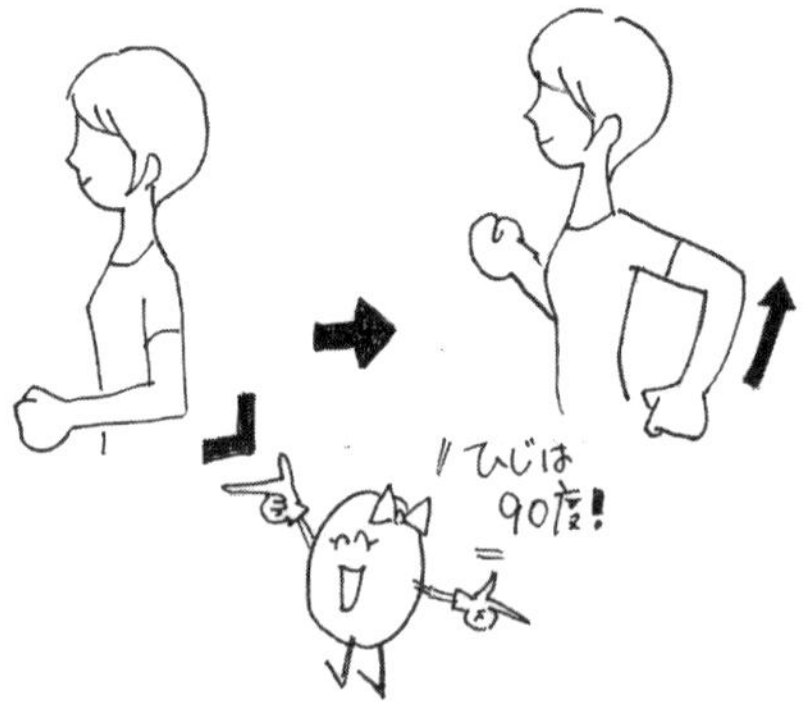

（ただし、歩きスマホは厳禁です。スマホチェックは信号待ちで行いましょう）。

面倒くさい事はゲーム化して楽しむ！

少し面倒くさくて習慣化しにくい場合は「ゲーム化」することが有効です。モチベーションが上がるため（達成感が味わえる）、習慣化しやすくなります。我が家のゲーム化成功例は以下です。

○自宅で、どこかの部屋に入るたび、必ず「3つモノを片付ける」（これをする事で常に整理整頓され、掃除が楽に）。

○毎日5分間、空き時間にどこかを掃除機掛けする。

○自宅で、どこかに何かを持っていくなら、帰る際は「何かを持って帰る」。

最後の例ですが、我が家では「立っている者は親でも使え」で、家族の誰かが移動する際は「ついでに○○を持って来て」と頼みます。このように「家族でマルチタスクを共有」することも、家族全体の時間の効率を高めるのに非常に有効です。

ちなみに朝ご飯の際、私は10分ほどで食べ終わるのですが、娘は30分かかります。そこで、食器を洗った後、食卓でメイクをしながら、娘とのコミュニケーションの時間とすることで「家族でマルチタスクの時間を共有」しています。

「早よ食べんね！」と叱るのではなく、マルチタスクの工夫次第で、家族と一緒に過ごす時間が増やせるのです。

家族全員を巻き込んで家事をマルチタスク化

我が家では週2回、夫が家事（掃除や買い物まで全部）をやっています。この2日間は、私は一切の家事をしません。主婦の家事に休みはないといいますが、そんな固定観念は捨て、我が家では主婦は完全週休2日です（その代わり、残りの5日間、夫は全く家事をしません）。

なお、家事を夫に任せるといっても、決して野放しにはせず、2

今の夫に決めた理由①

私が今の夫に決めた理由のひとつが「肌感覚（おもてなし力？）」。例えば、夫が湯船にお湯を溜めてくれると、もう、湯加減が抜群なんです。うちのお風呂は温度設定がなくて、水の蛇口とお湯の蛇口の割合を調整するしかないのですが、いつも「その日入りたい最高の温度」になっているのです。本当に不思議なのですが、まったく外したことがない。すごいです。一緒に住むとなると、暑がりか寒がりか、体感温度の相性は大切かも。

日分の詳細な「TO・DO（やること）リスト」を作って渡します（毎度の同じ事でも必ず書くようにしています）。金魚鉢の掃除、どこどこの掃除機掛け、買い物リスト、お弁当&夕食のメニュー等々…。世間では日々の家事を役割分担するのが普通かと思いますが、夫をはじめ男性の多くは「ゴミ出し当番でしょ、ゴミ出しといて」などといちいち命令されるのが苦手なのです。くっきりと曜日で分け、紙に書いてあることを自分のペースでこなせる方が夫も性に合っているようです。

「感謝の言葉」は魔法の言葉

ちなみに、私は夫の家事には文句を言いません。夫をはじめ、男

性の多くは文句を言われるのも嫌いなのでは（笑）。そこで、逆に感謝の気持ちを口にするよう心がけています。「すごくきれいに片づいてる、嬉しい～、ありがとう！」。

そしてリストに「もしも時間があったら、ここも掃除機掛けしてくれたら嬉しいな」というふうに書いておき、やってくれたら「すっごく助かった、ありがとう！」と。そうしながら、徐々に気が付かれないように（笑）タスクを増やしていき……もうこの制度も十数年経ちました。

また、私が留守中の娘のお守り（遊び相手）は、主に爺じぃ（私の父、81歳）にお願いしてきました。赤ちゃんの頃からオムツ替えもやって貰っています。ちなみにバイト代を渡していて、日給千円です。10日間手伝ってくれたら1万円と、かなり大きなお小遣いになるので喜んでくれているようです。

夫は時間よりもコスパ最高

これは結婚してから分かったことですが、夫はかなり「女子力（主婦力）が高い」です。時間至上主義の私と違い、買い物の際には労をいとわずスーパーを５～６軒回って、その店の看板お値打ち品や特売品、見切り品を入手し、レストランで食べたら何千円もかかるメニュー６～７品を、かなりお得な値段で最高の味に作りあげます。夫にとって時間なんかよりも、このコストパフォーマンスが快感なんです。ちなみに、夫の恐るべきスーパーの情報や知識は、私の情報番組でのコメントの際、非常に役立っています。

以上のように「この時間、何かマルチタスクできないか」「家族を巻き込んで皆でマルチタスク化できないか」と考えることで、自分の時間を飛躍的に増やす突破口が見つかるはずです。「固定観念に囚われない」のがコツですよ。

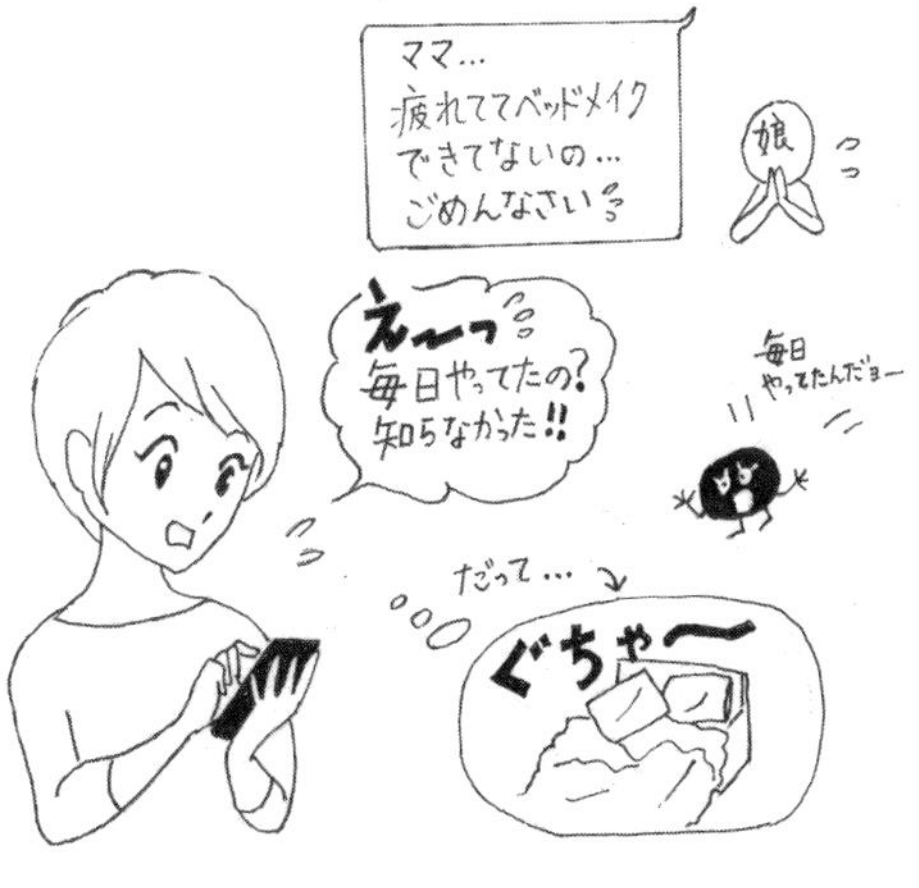
ママ…
疲れててベッドメイク
できてないの…
ごめんなさい
娘
えーっ
毎日やってたの？
知らなかった!!
毎日
やってたんだョー
だって…
ぐちゃ〜

第2章

集中力で時間を止める

「集中力」で、時間は10倍増える!

私は、時間とは「時感」だと確信しております。時計が指し示す「地球の時間」と、自分が体感する「自分の時間（インナー時間）」には、明らかに差がありますよね。その差の多くは「集中力」で生まれます。

野球選手が絶好調の時「ボールが止まって見える」と言いますが、決して時間が止まっている訳ではありません。極度の集中力のため一気に「タイムスペース」が横に広がり、時間の容量が増え、地球の時間よりも「インナー時間が増えたため、ゆっくりと感じられた」という訳なのです（P8の図解参照）。

何か趣味の制作に没頭していて、ふと時計を見ると「え～っ！もうこんな時間!?」という場合も同様に、集中力のパワーで「タイムスペース」が横に広がり、時間の容量が増え、時間をゆっくりと感じていたため「まだあまり時間が経っていないだろう」と思っていたという訳です（でも時計の時間以上に、作業が進んでいるはずです）。

腕時計

最近、腕時計をしない人が増えていますが（スマホで代用）、時間を知りたい時、いちいちスマホを取り出す手間や時間を考えると、やはり腕時計はマストだと思います（金属アレルギーの人等は除く）。

意識を集中させる→時間の容量が増える→時間がゆっくりと感じられる、という仕組みです。スポーツ選手がよく「ゾーンに入る」と言いますが、まさにこのことです。

つまり、人間にとって本当の時間とは「時感（自分が感じる時間）」であり、時間（地球の時間）は増えないけれど、集中力次第で「時感」はいくらでも増やせる、ということなのです!!

私は子供の頃から、この時間の真理（魔法）になんとなく気づき……自然に生活に取り入れてきました。

超朝型人間なら時間が一気に10倍！

そんな法則を活用した、私の最大最強のライフスタイルは「超朝型」だと思います。

例えば、学校の試験の際、前日に夜遅くまで勉強するのが一般的かと思いますが、私は逆でした。

学校から帰ったらすぐ晩ご飯を食べ、さっと寝て、深夜0時頃にガバッと起きて勉強を始め、そして夜明けに朝ご飯を食べると、まだ暗い早朝から学校に行き、誰も居ない教室でただ一人、勉強していました（もし見つかったら妖怪「ガリ勉娘」と思われたかも？）。

なぜこんな変態的な試験勉強をしていたか……それはすべて「集中力」のためです。

集中力は脳のフレッシュさに比例する

集中力の最大の敵はズバリ「脳の疲労」です。一夜漬けしようと夜遅くまで勉強しても、脳が疲れているため集中力が落ち、全然はかどりません。なので、前日は早く寝て、まずは脳をリフレッシュさせたのです。

それプラス、試験当日の朝という待ったなしのためテンションMAX、アドレナリンもドバドバ、さらに集中力が高まります！

また、早朝に教室に行くのは、家族の居る自宅と違い（夜中はいいけれど朝は皆起き出す）、周りに誰も居ない「ひとりの空間」を確保でき、集中力を発揮しやすくさせるためです。そして、勝負の場に「前乗り」することで、直前感や臨場感が肌にヒシヒシと感じられ、ますます集中力が高まるのです…。

この頃に身に付けた「超朝型」「ひとり空間を確保」「早めに前乗り」という「集中力アップ3原則」は、今ではもう完全に私のカラダの一部となってしまい、人から指摘されるまで変態だと全く気が付きませんでした（笑）。

という訳で、私は子供の頃から「超朝型人間」なのです。今で言うと具体的には、だいたい21～22時頃に寝て、早朝（夜中？）2～4時に起きる毎日です。脳がリフレッシュした状態の朝は、それ以降と比べると集中力が桁違いです。私の場合、体感「10倍」です。朝は日中よりも時感が10倍、何をやっても10倍はかどるのです‼

また、超朝型の副産物として、家族はまだ寝ているため「自分

「おはよう」は「おやすみなさい」

先日、実家のすぐ前の家に住んでた幼馴染に会ったら「高校受験の時、いつも夜遅くまで勉強してて、１時半とか２時頃になるとパッと敦子の部屋の電気が付くので『お～っと！今村敦子が起きた～‼』と、それを合図に寝てた」と告白されました（笑）。

ひとりの空間」を確保できます（集中力がさらに高まる！）。時々、夜更かししている夫と鉢合わせすることもありますが、明らかに不快な顔をしている私を見て、すぐ寝に行ってくれます（笑）。

超早寝なら成長ホルモンの恩恵も！

さらに超朝型の副産物として「成長ホルモン」の恩恵も受けられるそうです。アンチエイジングに効果的なホルモンなのですが、分泌される主な時間が夜の11時から翌2時とのことで、この時間寝ていると、成長ホルモンの美肌、美やせ効果などを最大限、受けられるのです。

まるでヨダレかけ!!!
クスクス…
ぐおおお〜
ひざ掛けでもなく
毛布でもなく
ナゼかタオルハンカチ

私がよく「いつも元気ですね」と言われる理由は、この成長ホルモンのおかげかもしれません。この時間帯に寝ると、体力の回復力が全然違うのです。おかげさまで風邪ひとつひかず、超元気（超免疫力？）な理由は、この超早寝のおかげかも、です。

という訳で朝に集中して、前日に録画したニュース番組などをチェック（必要ない部分は早送り出来るので、さらに時間の節約！）、仕事で必要な映画を見たり、番組の台本や原稿などを執筆したりしています。

また、お弁当&夕食、朝食作りを始め、家事全般も全部。私は基本、夜に仕事から帰ると、電池ゼロ状態のため、ほとんど何も出来ない、何もしません（皿洗いぐらいです……いや、皿洗いも翌朝に持ち越しています…笑）。

瀕死でもコミュニケーション

リビングで、朝のメイク中（娘は朝ごはん）と、夜の食後のコーヒータイム（娘は宿題）が、娘とのコミュニケーションタイムです。夜に「何かある？」と聞いて、いろいろ相談されても、私は電池切れの瀕死状態なので「へー、そうなんだ…」と何も良い案が浮かばず、話を聞きながら寝落ちすることもしばしば。でも「こうしなさい」と言わないのが逆にいいのかもしれません。寝てしまった時は、起きるとタオルハンカチがかけてあって（笑）、お手紙が置いてあります。手紙のやり取りも多いですね。

ちょこちょこ寝のススメ

そして、忘れてはならない最高の生活の知恵が「ちょこちょこ寝」です。朝早くから起きていると当然、日中眠くなります。私はこれを、子供の頃からちょこちょこ寝でカバーしています。子供の頃から、ちょこっと寝ると「おおっ、脳の回転が明らかに全然違うぞ…!!」と体感してきました。

今では毎日、TV番組本番前のヘアメイク中（約20分）に爆睡しています。そのおかげで、番組本番中、シャキッと超集中していられるのです。TVもラジオも毎日生放送ですから、1秒たりとも気が抜けません。

敦子さん. ケープかけたら ねてしまうから ケープかける前に 話していいですか?
メイクさん

また、タクシーやバス、鉄道など移動中も絶好の「ちょこ寝タイム」です。イベントの際、クルマで早めに着いて、駐車場でちょこ寝する場合もあります。

私のカラータイマーは「15分」

ちょこ寝とまでいかなくても、集中力のため、小まめな休憩、リフレッシュ、気分転換は欠かせません。個人差が大きいかと思いますが、私の場合「超集中」（スポーツ選手でいう「ゾーン」に入る？）していられるのは、たった「15分間」です（ウルトラマンよりは多い？…笑）。

私のカラータイマーは15分！
まけた。。。
3分しかないの。。

なので、大切な原稿の執筆など、15分ごとにお茶を入れたり、トイレに行くなど、意識して脳を休めるようにしています。たった15分間ですが、超集中した場合、通常時の30倍、仕事がはかどるのです（15分間×30倍＝7時間半に相当）。

前の日、全然アイデアが湧いてこない場合も、翌早朝、アイデアが次々に湧き出す……そんな場合も多く、まさに「30倍」効果です。時間を増やす集中力という魔法の極意、それは「脳をリフレッシュさせる」ことなのです。

ひとり空間だけじゃない

「脳のリフレッシュ」の次に、集中力にとって大切なのが「集中力を発揮しやすい環境」です。

私の場合、具体的には「静かな、ひとりの空間」が最適です。その点、まだ家族が寝静まっている超早朝の時間は、まさに理想的です。その他、タクシーの中や駐車場に駐めたクルマの中なども、絶好の「ひとり空間」になります。

なお、集中力が発揮しやすくなる空間は、人それぞれです。一人だとだらけるのでファミレスや喫茶店など、ある程度、人の気配や話し声、ラジオや音楽があった方が集中しやすいという方もいるでしょう。散歩やジョギング中が、一番考えごとがはかどる方もいることでしょう。いろいろ試してみて、一番はかどる空間が、あなたにピッタリの「パワー集中力スポット」なのです。

時魔女と汚時さんの違い②

なんでも「ダラダラ」やりがちなのが汚時さん（汚時間が多い人）の特徴です（ダラダラ残業が大好きな方とか）。時魔女になるための大きなポイントが「オンとオフのメリハリ」。疲れたから休む、のではなく、あらかじめ休む時間を決めておき、それまでは全力疾走。休む時も全力で休む。時間の使い方は基本的に「集中するか休むか」。どっちつかずの「ダラダラやる」は時魔女の辞書にありません。

超早めに現場入りする理由

ところで、人間が一番「集中力」を発揮しやすい「時間帯」とは？　それはもちろん、試合や試験などの「本番中」ですが、その次に発揮しやすいのが「本番直前」です。本番の直前、緊張とドキドキで最高にアドレナリンも分泌され、いやがおうにも集中力が高まる状態です。

そんな本番直前に「本番対策」や「シミュレーション」すれば、面白いように頭の中に入ってきます。私の場合、イベント司会の際は、2時間前には現場に到着し、駐車場のクルマの中などで「本番直前の予習」をしています。

時々、スタッフの方に見つかり「ええっ、もう居るの？　マジ

モーニングジャム
出演の時は
1:45！
アラームは起きる
1分前にセット
するべし！
byあつこ
アラーム
1:44
アラーム
早っ！まだ
夜中！

で!?」とギョッとされることもありますが、予習中なので気が付かない振りをして、ほっておいていただけると嬉しいです（笑）。

ラジオ番組（モーニングジャム）の生放送を担当していますが、昔は前の番組が始まる少し前に局に入るのでよく驚かれていました。「あつこさんの出演番組は次ですよ」って（笑）。ちなみに今は朝7：30からの生放送ですが、必ず4：30に入ってシミュレーションや準備をしています。

「アウェイ」を「ホーム」に変える時魔法

私にとって超早めの現場に入ることは、一種のマーキングでもあ

エフエム福岡「モーニングジャム」

ナカジー（中島浩二）とコンビで、火曜日（7:30～12:30）と金曜日（7:30～10:55）を担当。2002年4月よりパーソナリティーに就任し現在に至る。9:10～、11:50～、オススメ美容や美味しいお店など敦子セレクトなトークを展開中。

ります。「アウェイ」だった場に、だんだん肌や心がなじんできて、本番が始まる頃には「ホーム」に変わるのです。ホームに変わると、緊張しにくくなります（受験生にもオススメです）。

本番直前の時間……それは最高に集中力が高まる「魔法の時間帯」です。受験の際など、超直前まで一心不乱に参考書を読み込みましょう。その時の悪あがきの1分は、100分の勉強量に相当するかもしれませんよ。

人生を変える集中力のチカラ

私の場合、超集中力は「15分間」しか続かないと申しましたが、

実は、集中力がとんでもなく長く続いた期間がありました。26歳の頃、TVの仕事を始めたばかりの頃です。当時、新卒で入った広告代理店を辞め「自分の適職は人前に出る仕事だ！」という結論に辿り着き、TV生放送中の生CM（スタジオで商品を実際に手に取って紹介）の仕事を貰うというチャンスを手にしたのです（この、OLからタレントに転身した時のお話はこの後に）。

せっかく掴んだ大チャンス、絶対に逃したくありませんでした。そこで1年間、本番「90秒間×2本」のため毎日、次の日の商品と台本を持って帰り、自分の部屋にこもって毎日4時間、練習していました（テンションが異常に高かったため集中力をキープし続けられました。テンションについては次の章にて）。千回練習しておけば、たとえ本番で頭の中が真っ白になっても、口が覚えていてくれると思って（笑）。姿見を見ながら、どうやって持てば商品がキレイに

TVやラジオは秒の世界

私は考えてみたら「秒の世界」で生きています。「5秒で話してください」とか「2秒巻いてください」「ここのスタジオ明けは36秒」などの指示が日常飛び交っています。その感覚が頭に入っているので「15秒後にボタンを押してください」と言われても正確に押せます、多分（笑）。仕事で鍛えられたせいもあり、時間に対する肌感覚が敏感で、絶対音感ならぬ「絶対時感」の女になっているのかも。

見えるか、毎回マニアックに研究し尽くしました。

おかげでトーク力ではなく「商品の持ち方がいい」と高評価をいただき（苦笑）、ＴＶショッピング番組のＭＣの仕事のオファーを受けたのでした。

私はダメーテル、永遠に続く自分探しの旅人

ところで、ここで少し（かなり）話は脱線しますが、そんな今の仕事（人前で話す仕事）につながるチャンスを掴むまでには、壮大な紆余曲折がありました。まさに、自分探しのネバーエンディングジャーニーと言っても過言ではありません。

子供の頃から「時間の鬼」だった私ですが、その旅は壮大な時間の無駄でした。でも、この旅があったからこそ、チャンスを掴む爆発的な集中力を生み、今の自分があるのです（と、ポジティブに考えています）。

旅のスタートは、大学選びの失敗でした。その頃、自分は将来何の仕事をしてよいか全然分からず、食いしん坊だったので「何か美味しいものが食べられるかも？」と思い、家政科に進みました。でも桂むきとか毎日実習ばかり。不器用に加え、私は左利きなので、布の裁断ハサミやミシンもすべて右利き用だったため、それはもう大変でした。

そしてあっという間に就職活動のタイミングに。でも、いまだに「自分は何の人」なのか分からずじまい。そこで、基本的にミーハーで華やかな世界に憧れていたけれど「自分は表に出る人間ではない」と思い込んでいたため、広告代理店の事務職（裏方）に就職。でも、性格的に毎日コツコツ机に向かう仕事は大の苦手でまったくワクワクせず、超ダメダメ社員でした…。

なのでオフの時間は、ほとんど「本当の自分探し」に費やしました。カメラ、フラワーアレンジメント、ポップ（チラシ）制作、紅茶マイスター、ボーカルスクール等々…（かなり迷走）。給料は全部、習いごとにつぎ込み、でもどれも半年しか続かず何ひとつものにならない。辛くて長い暗黒の時代でした。

阿蘇で「自分は何者か」を知る

そんな鬱々としたある日、会社の上司から「旅行雑誌を作るんだけど予算がないから同期と一緒にモデルをやってくれないか」とお願いされました。それまで人前なんて恥ずかしすぎると思っていた私でしたが、暗黒の毎日を過ごし「もうなんでもチャレンジ」という藁をも掴む気持ちに追い込まれていて、やってみる事にしました。

撮影当日、阿蘇でモデルになった瞬間、頭の中で何か（超タイムスペース）がスパークしました。私は、ついに気づいてしまったのです。

「おおおっ……これだ！ 私は表に出る人間だったんだ!!」

その時の写真は、阿蘇の大草原で大きく手を広げるはっちゃけポーズでしたが、私以外の皆は恥ずかしくてモジモジ。しかし私は、まるでミュージカルの主役のように自然に、大胆にポージングしていました。

翌日、上司に「人前に出る仕事をしたい」と退職願を提出しましたが「君は気でも触れたのか？　いくつ（25歳）だと思っているんだ！」と一喝され辞めさせてもらえず。でも「死ぬ時に後悔したくないんです！」と必死に上司を説得し続け、退職するまで1年もかかってしまいました（結局、広告代理店には5年間在籍しました）。

しかし「人前に出る仕事がしたい」と決意しても、具体的にどう行動していくかは決めていませんでした。すると、たまたまＴＶリポーターの募集が出ているのを見つけて「よし！　これを受けてみよう」と。

後で聞いたのですが、そもそもＴＶリポーターはめったに募集せず、しかもその年の採用方針が「まだどこにも露出していない、真っ白な人（素人）を採りたい」とのことで、すべてのタイミングが噛み合い、ラッキーにも毎日ＴＶに出られるようになったのです。冒頭の生ＣＭの仕事が、まさにデビューＴＶ番組でした。

本番は準備が10割

「本番中」が一番、集中力を発揮できると前述しましたが「もしも失敗したらどうしよう」という一抹の不安要素があっては、完全に集中しきれません。本番中、最高に集中力を発揮するためには「本番前」の入念な準備が欠かせないのです。準備にどれだけ集中できるかで、本番の集中力が変わってきます。

ところで、講演会やセミナーでよく訊かれる質問に「どうすれば緊張しなくなりますか?」があります。確かに「生放送」の場合、

時魔女の「引き寄せの法則」

私はこの世界（人前でしゃべる仕事）に入って以来、事務所には所属せず、ずっとフリーで活動しています。ですからマネージャーや経理もおらず、スケジュール管理もすべて自分。営業してくれる人もいないので、やってきたチャンスをテンションMAXでひとつひとつ丁寧に行っていくのみ。その結果次第で次のチャンスにつながる。チャンスのわらしべ長者ですね。「引き寄せの法則」って実は誰にでもできる、当たり前のことなんですよね。

毎回が「緊張との戦い」です。では、どうやって緊張と折り合いを付けるか。それには「準備」しかありません。

人が緊張する理由は「自信がない」か「実力以上に自分をよく見せたい」のどちらかです。そのどちらの理由も「徹底的に準備」することで解消できます。限界まで準備することができれば、自然と腹が据わるものです。

私は「本番は準備が9割」どころか「10割」だと思っています。自分が緊張して失敗しないようにするのはもちろん、それよりも大事なのが、自分よりも「相手」です。対談なら、事前に徹底的に調べておかないと良い話は引き出せないし、イベントなら、徹底的に準備しないと来てくれたお客さんを十分に楽しませることはできません。本番は準備が10割、目的は自分のためではなく「相手に対する誠意」なのです。

チャンスは超集中力で逃さない！

私の場合の生ＣＭのように、人生にはターニングポイント（チャンス）が必ずやってきます。そのチャンスをモノに出来るか出来ないかも、やはり「集中力」次第だと思います。集中力、特に超集中力は長くは続きません。毎日において、そして人生において、どこで「超集中力」を発揮すべきか、どう活かすか。脳のリフレッシュを意識すると、発揮できる場面がより増えてくると思います。

第3章

心のテンションは、時間の魔法の杖

テンションを上げれば、子供の時間が手に入る!?

前章で「タイムスペース（時感）を広げてくれるのは『集中力』（脳のフレッシュさ）」だと説明しましたが、実は、もっと強烈にタ

イムスペースを広げてくれる要素（軸）があります。それは「心のテンション（感動、ワクワク）」です。

大人になると1日や1年はあっという間に過ぎ去ってゆきますが、子供の頃は、すっごく長く感じませんでしたか？ それは、子供は見るもの聞くもの、初体験やまだ慣れていないものばかりで「やった〜、アイスの棒で当たりが出た！」「今夜のおかずは大好きなハンバーグだ！」などと毎日が「ドキドキ、ワクワク」のオンパレードで（感動の沸点が低いせいもあります）、心のテンションが上がりっぱなしのため「タイムスペースが大きく広がって」いたのです。

つまり、時間（時感）の容量がドーンと増えていたため、時間が経つのが遅く感じられた、という訳です。

……そうなのです！ 子供時代のように日々、ドキドキ、ワクワ

楽しみすぎて超能力少女に

子供の頃の最大の楽しみが、月に一度の「お楽しみ給食」でした。メニュー内容は、給食時間になるまで完全シークレット。もう数日前からワクワクが止まりませんでした。「よーし！ 今日はナポリタンだ！」「今日はカレー」と友人同士で予想するのが楽しくて…。ちなみに、ほぼ100%の確率で当てていました。まさに超能力少女？（笑）

クして心のテンションを上げれば、簡単に「時間（時感）が増やせてしまう」のです‼ これぞまさにシンプルながら超強力な「時間の魔法」なのです！

大好物は、お手軽な時感パワーフード

超食いしん坊な私（なので食レポーターは天職！）は、単純に美味しいものを食べる（と想像する）だけで即、テンションMAX（時感の最大化）になれます。

例えば「今日のお昼は、大好物の○○○のランチを食べに行こう！」と決めておくと、午前中から「ドキドキ、ワクワク」とテン

ションが上がりっぱなしで（時感がバリバリ増えるため）、仕事が大変はかどります（そういえば子供時代も、給食で好きなメニューの日は、朝から超ハイテンションでした）。

ゆでたまごで、朝からスクランブルダッシュ！

私の場合、実は大人になった今でも朝からいきなりハイテンションなのですが、その理由は……「ゆでたまご」です（…ゴクリ）。子供の頃からとにかく、ゆでたまごが何故か大好きで、毎朝２個食べています（朝１個食べて、仕事場でもう１個食べることも）。毎朝、大好物を用意しておくことで、気持ちよく一日のスタートを切ることができるのです。

ゆでたまごのこだわり

基本的にどんな卵も大好きですが、特にお気に入りが「原田（はるだ）のこだわり卵」。黄身が濃く、白身にハリがありパーンとしていて大玉なんです。本当においしい。ちなみに昨日の夜、卵かけご飯にして食べて、今朝もゆでたまごにして２個食べました（笑）。好みの茹でかげんは固めの半熟で、カチカチではなく、少しだけ柔らかめ。塩には特にこだわりはなく、出先では何も付けずに食べます。

もしあなたがパン好きなら、お気に入りのパンを用意しておくだけで、朝のスタートダッシュが違ってくると思います！

おやつを制する者は、ローテンションを制する

しかし、朝食や昼食など、好物パワーはそう長くは続きません。そんな時は次なる好物（おやつ）を用意します。そこで大好物の絶対王者「あんこ」様の出番です。ちなみに私は別名「アンコンヌ」（P127参照）と呼ばれるほどのあんこ好き。カリスマパン職人と組んであんこのパンをプロデュースしたことも…（欄外参照）。

あんこモノ全般大々好きですが、一番はなんといっても「おはぎ」

です。もう、どうなってもいいという覚悟さえあれば何個でもお腹に入ります。

おはぎを筆頭に、どら焼き、梅ヶ枝餅、回転焼き……近所にコンビニしかなかったら、ミニサイズの羊羹を買ったり。それもないなら、家の冷蔵庫に常備している「あんこチューブ」を持ってきて、直にチュウチュウ吸うことも（笑）。他に、あんことバターが一緒になった瓶入りの「あんバター」も常備しています。ちなみに「つぶあん」派です。

たとえどんなにツライ仕事でも「この後、あんこが待っているぞ」と思うだけで、力がモリモリ湧いて（時感が広がって）くるのです。なので「1日1あんこ」を日課にして、疲れてテンションが落ちるタイミングに「あんこタイム」を設定しています。もし偶然、私が

カリスマベーカリー「パンストック」とのあんこコラボ

「和菓子のようなあんぱんが食べたい」とのアンコンヌのリクエストに、もともと梅ヶ枝餅屋さんで働いていて自身もあんこ大好きなパンストック・平山哲生オーナーシェフが応えて実現。みどり（白玉入りあんこ）、赤（つぶあん）、白（しろあん）の3個セットのあんぱんを2019年、FBS福岡放送「めんたいワイド」のイベント「スマイルデーフェスタ」にて50セット限定で発売。販売前から大行列ができ、販売開始5分で完売。

あんこをモグモグしている場面に遭遇したら、私の一日最大の至福の時なのであたたかく見守ってください（笑）。

ラブラブ大作戦で、相手までハイテンション

テンションを上げる方法は、なにも食べ物（自分が好きなこと）ばかりではありません。私が仕事で使っている時魔女テクニックが、名付けて「ラブラブ大作戦」です。

番組でゲストをお招きすることが多いのですが、その際、相手のプロフィールなどを調べ、共感できる部分をなるべく多く発見するなどして、相手のことを「大好き」だと、自分に暗示をかけるのです。

いわゆる疑似恋愛です。

するとあら不思議、相手に会いたくて会いたくてしかたなくなり、そしていざ、収録現場で初対面すると「やっと会えました〜!!（目がハート）」と、会った瞬間から「超ハイテンション状態」で、番組を始められるのです！すると、相手のテンションまで私につられて上がり、お互いハイテンション状態になり、面白い話をグイグイ引き出せます。これは相手の性別、年齢は関係ありません。

この方法は、打ち合わせや商談、面接など、さまざまな場面で応用可能です。どんな人（団体）にでも、いい所がありますから。

そこにググッとフォーカスして、相手に親近感や共感を抱いたハイテンション状態で会えば、お互いハイテンション（時感が広がった状態）になれ、充実した濃い時間を共有（お互いＷＩＮ・ＷＩＮ）

時魔女は「プレゼント魔」

昔から「プレゼント魔」です。人を喜ばせると、自分も嬉しくなる。お互いのテンションを上げてくれる魔法のアイテムです。プレゼントや差し入れ、お土産、おもてなしは、まさに超ピンポイントのエンタメ。何をあげたら、その人は喜んでくれるか？ 考えている間もワクワクします。そのためにも、マル秘の感動手帳（P81）が役立ちます。

できるのです。

超ポジティブ思考は、疲れ知らず

ところで、私はよく人から「毎日忙しいのに、いつも超元気ですね？（なぜ⁉）」と言われますが、その理由は「成長ホルモンが出る時間に寝ている」「毎日ゆでたまご（良質なタンパク質）を2個食べている」だけではありません。疲れ知らずの元気の最大の理由は……「超ポジティブマインド」ではないかと思っています。

私の母親が、「ポジティブ」思考の権化で、どんな不幸なことが起きても「よかったね～！」と言われて育ったため、いつの間にか私まで超ポジティブ人間になってしまいました。

やっとこの仕事が軌道に乗り始めた頃、同業の人達から誹謗中傷や陰口を叩かれた時も、母は「よかったね〜！」。

つまり「それは､アナタが頭角を現してきた証拠よ。出る釘（杭）は目立ち、打たれるのが日本古来の通過儀礼。もっともっと突き出て、誰も叩けなくなる高さ（トップ）まで頑張りなさい」とのことで、逆にエネルギー源に変えることができました。

交通事故でも「よかったね〜!!」

こんな衝撃的なこともありました。テレビの仕事が少し軌道に

旅慣れているから巨大スーツケース⁉

旅行に行くときは、たとえ2泊3日程度でも「巨大なスーツケース」を持っていきます。初めて一緒に旅行する人にはギョッとされます（笑）。でも、中身はほとんど空っぽ。現地で買ったお土産を入れる用なんです。荷物はすごく少ないのですが、お土産がいつも異常に多くなるのです。

乗ってきた頃、貯金をはたいて新車を買ったのですが、買って3か月もしない時、もらい事故で大破して廃車に！ さいわい、打撲程度で大ケガにはいたりませんでしたが新車がオシャカ、車のローンだけが残りました。涙目で超落ち込んでいる私を見た母の最初のひと言は……「よかったね～!!」でした（笑）。

母いわく「最新型の新車だったので、エアバッグが開いてたいした怪我もせず、本当によかったね～」という理由でした（その前の車はエアバッグが付いていなかった）。

そんな超ポジティブ人間に育てられた私も、おかげさまで超ポジティブ思考となり、何でも「良い面から見る」体質が形成され、基本的にいつも機嫌よく（テンション高く）毎日が送れているのです。

なので、常に「テンションが高め」のため、人よりも「時感が多

め」となり、普通の人なら疲れてしまう場面でも、疲れることなくこなすことが出来ているようです。

つまり、いつでも「ご機嫌（ハイテンション）状態」で過ごせば、時感は常に多めとなり、ゆっくり時間をかけて仕事をしているのと同じ状態となり、仕事の質は上がり、しかも疲れ知らずになれる、という訳です。

マイナス要素も逆にアピールポイント！

そんな母ゆずりの「超ポジティブ思考（良い面を見る）」ですが、今の仕事でも大いに役立っています。

今の夫に決めた理由②

もうひとつの理由が「いつも機嫌がいい」。寝る時間帯が全然違うので、夫が寝ている時に急用があって起こすこともたまにあるのですが、そんな時も「何？」と普通で、まったく怒らない。常にフラットでご機嫌なんです。やはり、いつもイライラしたり怒ったり、マイナス面ばかり見てしまう人と付き合っていると、こっちにも伝染してしまう。マインドがポジティブだと、いつも家庭が明るいですよね。

今でも忘れられないのが、食レポの仕事だった「デザート大図鑑」です。朝から晩まで、ロケでケーキ屋11軒、計27個のケーキを食べまくってレポートする仕事でした。

量だけでも尋常ではないのに、桃の季節だったので、桃、桃、桃。桃のスイーツばっかりだったのです。もう必死で、個別の良いところやアピールポイントを探して…。

また、あまり口に合わない場合は「今まで食べたことがない、とても個性的なお味ですね」とか(笑)。お店の紹介も、超狭いお店なら「小ぢんまりしてアットホームなお店ですね」。古～いお店なら「さすが、歴史を感じさせるお店ですね」等々。

この時ほど「良い面を見る」ポジティブ思考を身に付けておいて良かったと思ったことはありません…。

ハイテンションの最大の敵は「人間関係」

なお、人をローテンションにしてしまう最大の要因に「人間関係」があります。会社の退職理由の1位が「人間関係」になるほどです。いくらポジティブマインドで、嫌な人の「良い面」ばかりにフォーカスしても、どうしても分かり合えない人もいるでしょう。

そんな時、私はなるべく「距離を置く」（接点を最低限にする）ようにしています。自分をローテンションにしてしまう人間にずると関わるのは、正直言わせていただくと「時間（時感）の無駄」だからです。人間関係以外にも、自分をローテンションにしてしまう要因は、なるべく早期に解決するべきでしょう。即決即断こそが、まさに時間を無駄にしないコツです。

それでも仕事のチームとして、どうしても一緒に居なければならない場合もありますよね。そんな時は、まず相手の良いところを前面に出し、悪いところは後ろに隠して、その人のイメージをカスタマイズするようにします。具体的には、その人の顔を見る時、良いところ「仕事が早い」「やさしい」などを「お札」にして、バーチャル（空想の中）でペタッと貼り付けておくのです。

人間って思い込みが9割、あなたの思い込みしだいで嫌な人間も「バーチャルいい人」に早変わりです。

さらには、相手を「超お得意さま」と思い込むようにしましょう（自己暗示）。上顧客（ぼろ儲けさせてくれる人）と思うと、不思議とわがままや理不尽なことも多少がまんできるものなのです（笑）。

案外「風が吹けば桶屋が儲かる」ように、その人の存在が、回りまわってアナタのプラスになっているかもしれません（と、ポジティブに考えてみる…笑）。

他人への悪口は「自分への呪い」

以前、ベストセラー『脳に悪い7つの習慣』（幻冬舎）で有名な脳科学の林成之先生と仕事（育脳メソッド）をご一緒させていただく機会がありまして、目からウロコの「脳の性質」を教えていただきました。

人間の脳って「主語という概念がない」そうなのです。だから「あの人って、すごいブスよね」と思うと、脳には「ブスよね↓（自分が）

「大好き！」が大好き！

赤ちゃんの頃から中学1年になった今も変わらず1日に10回以上、娘に「大好き！」って言っています。最近は「うざい」と煙たがれますが、たまに言わない日があると「今日は大好きがなかったね」と寂しい顔をする（笑）。娘が大人になっても言い続けたいです。

ブスです」とインプットされてしまう。「あいつ、本当にバカだよな」と思うと「(自分は) バカです」とインプット。

つまり、他人に対する悪口や非難など、ネガティブな発言や思念は、すべて「自分のこと」として、脳内に蓄積されてしまうという訳なのです。

まさに、他者へのネガティブ発言や思念は「自分への呪い」。そんなことからも、ぜひ「ポジティブ思考」を心掛けてください。

というわけで「前向きな気持ち次第で、自分が変わる、いくらでも時間は増える!」……単純ですが、なかなか気が付かない、まさに時間の魔法です。

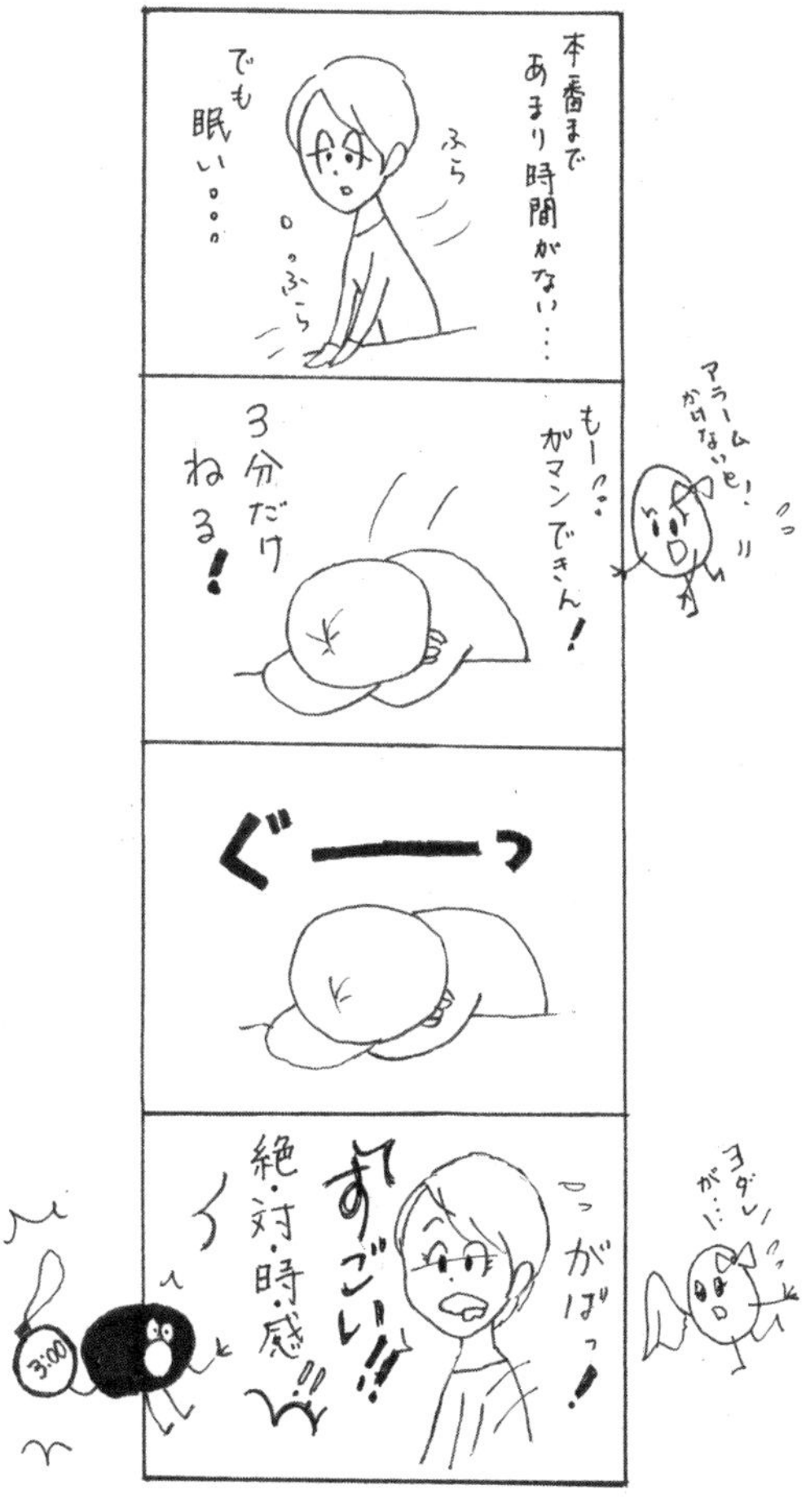
本番まであまり時間がない・・・
ふら
ふら
でも眠い。。。
もー。。。ガマンできん！
アラームかけないと！
3分だけねる！
ぐーっ
がばっ！
ヨダレが・・・
すごい!!
絶・対・時・感!!

第4章 タイムスケジュールで時間を完全見える化

時間マイスターへの第一歩は「手帳マイスター」

前章までで「時間の増やし方」を説いてきましたが、この章では、その増えた時間を「徹底的に使いこなすコツ」を紹介したいと思います。お金と一緒で、せっかく「実質的な時間（時感）」を増やしても、

無駄使い（浪費）してしまっては、何にもなりません。まさに1円ならぬ「1秒を無駄にする者は、1秒に泣く」。そこで最大の威力を発揮するのが「タイムスケジュール帳」です。

大型手帳を愛用

最近、大型サイズの手帳が流行っていますが、中学1年生の頃から早くも手帳を愛用してきました。

大型の手帳を使う理由は、パッと開くと、1週間の予定が30分単位まですべて見渡せるからです。もちろん私の場合、かなり細かく予定を書き込むため、大きいサイズが使いやすいのです。

子供の頃からとにかく、手帳にスケジュールを書き込むことが大好きでした。遊びの予定など、おせち料理の重箱のようにビッチリとスケジュール帳を埋められると快感でした。時間フェチ、すなわち「手帳フェチ」だったのです。自分で作った理想のスケジュールを完璧にこなすことに達成感を感じていました。

でも今考えると、色分けしたりイラストを入れたりと、スケジュール帳を熱心に書き込んでる時間こそが最大の時間の無駄ですよね。それにいつしか気づいて、今では見た目の美しさには凝らず、見やすくシンプルに書き込むことに落ちつきました。

仕事もプライベートも同じ手帳に！

具体的な書き込むコツとしては、仕事関係の予定を赤ペン、私用を黒ペンで書いています。

仕事の場合、予定を変更できない事が多く、動かせない事を目立たせるため、赤字で書いておくのです（同様の理由で、プライベートでも重要イベントは青ペンで書きます）。

なお書き込む際は、あとで柔軟に変更もできるよう、消して書き直せるように「消せるボールペン」で書くようにしています（その他の詳しい書き方のコツはP78〜参照）。

最大のコツは「仕事もプライベートも、同じ手帳に詳しく書く」ことです。

スケジュール帳は「打ち出の小槌」

今「副業」する人が急速に増えつつあります。そこで力を発揮するのが、スケジュールや時間の管理。今までのダラダラした一日や一週間を見直し、コンパクトに集約し、いかに多くの隙間時間を作り出すか。スケジュール帳は、まさに打ち出の小槌なのです。

時魔女の「スケジュール帳」を大公開！

← 大型のシステム手帳で、自分で自由に組めるものを愛用しています。形式にこだわりがあり、１週間が見開きになっていて、土日が右側にあるもの。また、上と下に余白があり、自由に書き込めるのがポイントです。上の余白には、夫と娘の予定を。（夫）と書いてある分が夫の予定です。家族がどういう動きをするのか分かり、それに合わせて自分も動けます。左の余白には、日々のタイムスケジュールにきっちり落とし込まない、１週間の間にやっておきたいことを書き込み、終わったらチェックボックスをチェックするようにしています。下の余白は、数日にまたがる予定や、その日の隙間時間にやっておきたいことなど、自由に書けるスペースとして使っています。

これが時魔女の、ある日の「今日やることリスト」だ！

↓ 毎朝、スケジュール帳を見ながら「今日やることリスト」を作成するようにしています。普通、ルーティン（毎日の日課）は書かなくてもいいのですが、私はなるべく書くようにしています。ちなみに「用意　News」は、朝の用意をしながらの、昨晩のニュース番組の録画チェックです。出かける時、絶対に持っていかないといけないものも、ここに書いています。DVD プレイヤーで空き時間、番組で必要な映画の視聴をするようにしています（ちなみに「ブーツ」は、ホメーテルの衣装で必要だったため）。☆印は、明日会う予定の人へのリマインドメール他、今日中に連絡したり渡したりするべき事項です。

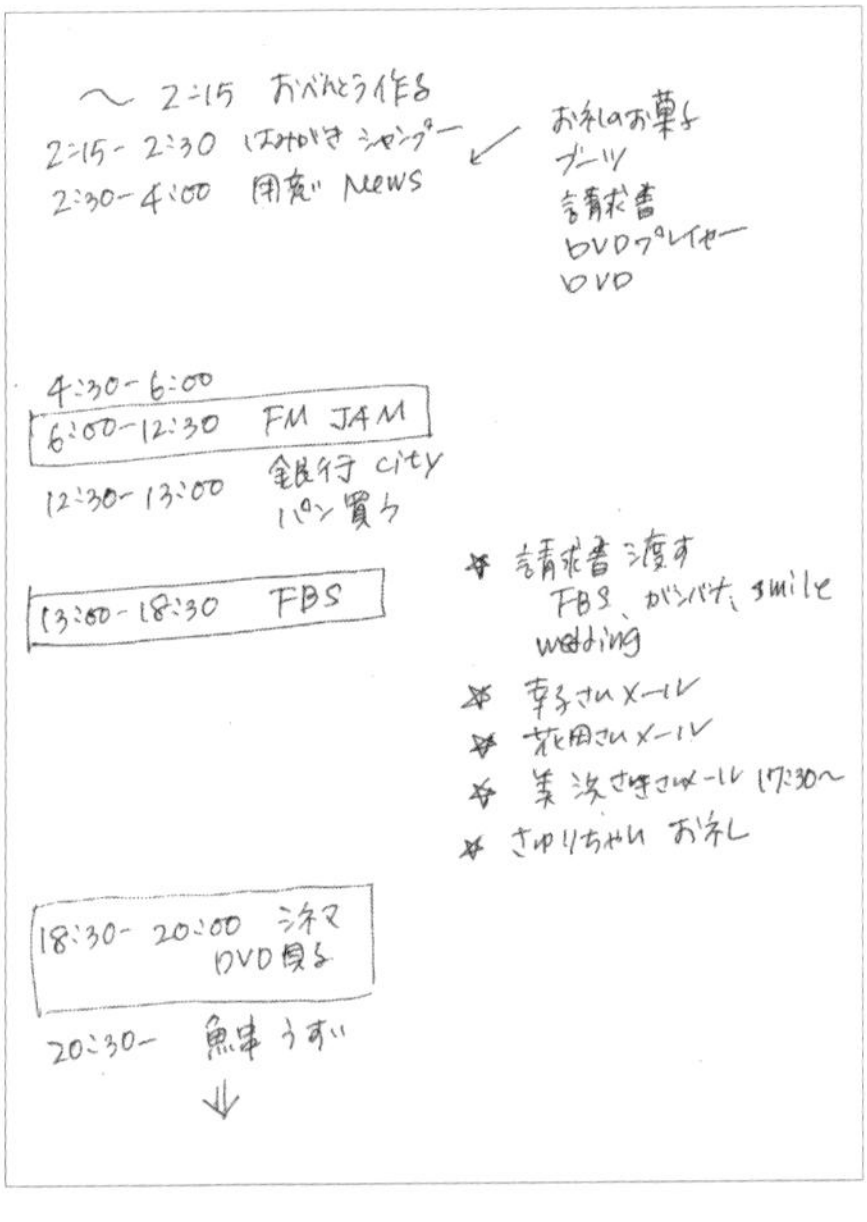

12/9-15 ㊡㊡

2019

December

M	T	W	T	F	S	S
						1
2	3	4	5	6	7	8
9	10	11	12	13	14	15
16	17	18	19	20	21	22
23	24	25	26	27	28	29
30	31					

Goal

- ☐ イベント先行予約
- ☐
- ☐ 結婚式台本
- ☐
- ☐ 1月のコンシェルジュゲスト
- ☐
- ☐ グランアワーズ予約
- ☐ 3日6日の差し入れ買う
- ☐
- ☐
- ☐
- ☐

9 (月)Mon 大安

期末テスト →

10:00 FM コンシェルジュ (インセンブ文具)

12:00 FBS

結婚式の台本 →

10 (火)Tue 赤口

FM モーニングジャム (シドニー和菜) (アンミカ用定)

13:00 ナレーション収録

FBS

19:00 マッサージ

11 (水)Wed 先勝

尿検査

9:30 book meeting 本堂せな病院 (宇良さん)

13:00 和こじまランチ (ゆうころちゃん)

FBS

19:00 ひみたこ (ゆみさん)

21:00 トレーニングジム

イベント先行予約

㊡㊡ December 9-15

12 (木)Thu 友引

8:30 FBS めんたい…

13:00 こはまちゃんランチ

FBS

映画DVDみる

13 (金)Fri 先負

防災訓練

FM モーニングジャム (今週たべた物)

12:00 FM シネマフルライフ

FBS

18:00 meeting FBS がんばれ出演

コンシェルジュ 全ゲスト

14 (土)Sat 仏滅

学校有 13:00まで

10:00 結婚式MC at グランドハイアット

18:30 食事会 ポルテーニョ

15 (日)Sun 大安

ジョギング

10:00 舞鶴公園 BBQ 古賀さく 元木家

ジョギング

プライベートこそ時間管理が必要

人は、仕事に関しては集中力を発揮しやすいのですが、プライベートに関しては優先順位が低く、ついつい集中力を切らしダラダラとやりがちです。

でも、スケジュール帳で始まりと終わりの時間をキッチリ決めておけば、その時間内に収めようと、モチベーション（やる気スイッチ）が自然と働くという訳です。

また、次の予定が分かっていれば「次はお風呂の時間だから、今からお湯を沸かしておこう」などと、次の予定について同時並行で準備できたり、事前に脳内シミュレーションができる、という訳です。

なお、ルーティンの作業に関しては、日々上達して作業時間が詰められる場合が多いので、スケジュール帳の所要時間を都度、見直しましょう。

ダラダラするなら時間設定を！

時間が余った時に（余ってなくても）ついダラダラしてしまう時がありますが、いったんダラダラすると、次の行動へ移るモチベーションが低下しがちで、際限なくダラダラしてしまいませんか？

私もたまにあります……人間ですもの（笑）。

もうひとつのマル秘スケジュール帳

体験しただけでは忘れがちな記憶も「書くこと」で定着しやすくなります。そこで私が密かに実践しているのが「感動カレンダー手帳」。映画や料理店、パン屋やケーキ店など、感動や感想を評価の☆印（５つで満点）と一緒に、専用の別のスケジュール帳に記しています。もちろん好みじゃなかった映画やイマイチだったお店も、なぜイマイチだったのか書いています（だから人に見せられない）。印象をひと言書いておくだけで、あとで見返すと鮮明に記憶がよみがえります。ラジオで話すネタ収集も兼ねてプライベートで年間 150 件くらい食べ歩いているので「福岡のグルメの生き字引き」として重宝されています（笑）。やっぱり美味しいものを食べることが私の一番のモチベーションです。たとえ失敗しても「いいネタになる」と思えばモチベーションアップできます（店名は伏せて爆笑体験談として使います）。

ダラダラしたい場合は、事前に「休息する（始まりと終了の）時間」を設定してからにしましょう。なお、いつも長時間ダラダラしてしまう方は、ちょこ寝（仮眠）がオススメです。

また、一日何もしない日を作ってもOKです。私も土、日のどちらかは「仕事のことを考えない日」を作っています。そうじゃないと、ついついダラダラと仕事の事ばかり考えてしまい、目の前のことに集中できず、せっかくのプライベート時間が「汚時間」になってしまうからです。

やる気スイッチが入らない理由

よく「やる気スイッチ」が入らない（やり始めるためのモチベーションが上がらない）、という方がいますが、その第一の原因は「タイムスケジュール帳」を作っていないのが理由ではないでしょうか？

タイムスケジュール帳を見れば、なぜ今、それをやらなければならないのかが、客観的に理解できるはずです。

時間はそのままでは目に見えませんが、タイムスケジュールにすることで、初めて「見える（把握できる）」ようになるのです。

自分が置かれている状況を正しく理解できれば、今ダラダラとしている余裕は一秒もないことが分かり「やる気があるかないか関係なく、とにかくやるしかない！」とスイッチが入りやすくなります。

やる気スイッチの時限爆弾

早めにやろうと思っても、なかなかやる気が出ず、もんもんとしている状態は、まさに「汚時間」です。ならば、安全マージンを取ったうえで、ギリギリの日程で「やるしかない」スケジュールを組み、それまでは「あえてやらない」ことにして、頭の隅っこに封印しておくのも手です。そうしておけば、やる時までに発酵してきて、なぜか良いアイデアが浮かんでくることも多いです。

お尻の火が、最強のやる気スイッチ

そんな理由で、私がスケジュールを組む際は、逆算して「お尻に火が付く」タイミングで入れています。原稿の締め切りなど「もう後がない」と分かって執筆していると、無意識にやる気スイッチがガンガンに入ります（テンションと集中力でタイムスペースが拡大するので効率も上がる）。

ひとつ注意点として、本当に超ギリギリに設定すると、何かアクシデントが発生した場合、仕事に穴を開けることになりますので、必ず最低限の安全マージンを取っておきましょう。

やることリストはゲーム感覚で

なお私の場合、タイムスケジュール帳とは別に、毎朝「今日やることリスト」も作っています（P78参照）。タイムスケジュールを作っても、早く終わることもあるし、移動時間や待機時間、待ち時間など、一日には必ず、多くの「埋蔵金」ならぬ「埋蔵（隙間）時間」があるからです。そんな時間を中心に「今日やることリスト」をこなすという訳です。

そんな、本来ならやりたくない「今日やることリスト」をモチベーション高くこなすコツは「やったことから破って捨てていく」ことです。だんだん紙が減っていくと、ゲームを一歩一歩攻略していく

超集中力の弊害

私の場合、お尻に火が付いた超集中力でゾーンに入り、台本など直前でも暗記できるのですが、まさに写真に写して脳に貼り付けたような感じのため、オンエアが終わるときれいさっぱり忘れてしまいます（笑）。結婚式の司会など、親族の名前まで覚えていたのに、終わると新郎新婦の名前さえ怪しい状態に…。学生時代の試験勉強もそんな感じで乗り切っていたため、知識不足は否めません。

ようで、達成感が味わえるからです。

人間、やらされている感があると、やる気が湧きません。でも、ゲームを攻略する感じなら、自然と闘志が燃えてくる、という訳なのです（破るのが困難なシチュエーションの人は、棒線で消していったり、レ点チェックを入れてもいいですね！）。

ちなみに、この「やることリスト」は毎朝、家族全員分を作って渡しています。このリストで、家事の分担を明確化しているのです。

ストップウォッチで、さらにゲーム性が高まる

なお娘は、まだ時間管理が未熟な年齢なのでゲーム要素を高め、スマホのストップウォッチ機能を活用しています。「あと何分で食べ終わらないと、バスに間に合わないよ」とか。同じことでも日々、時間を意識してすることで、かかる時間はどんどん短くなっていきます（全然変わらず、ある日突然覚醒して短くなる場合も）。

宿題もストップウォッチで残り時間を意識してやることで集中力が高まり、格段に早く終わらせる事ができます。

また、ストップウォッチには時間感覚を鋭くさせる効果も。娘がゲームをしていい時間（1日30分）を、最初はアラームを設定しておいたのですが、最近では慣れて、鳴る前に自分で終わらせるようになりました。

時感スイッチをオフにする時

映画やDVDを見る際、先に「上映時間」を確認してしまいます。今から見始めると、何時何分に終わるか、と。でも、見ている最中は絶対時感のスイッチをオフにしています。オンのままだと「まだこの時間だから、こいつは真犯人じゃないな」とか、つい裏読みしてしまい、楽しめませんから（笑）。

遅刻は時間泥棒

もちろん、娘の教育には「時間の見える化」も意識して教えています。

例えば朝出かける際、準備をのんびりしていてもあえて急かさず、時計で15分遅れたのを確認させ「ほら、15分で出来ると言ったのに、30分かかって15分遅れたよ。これって、一緒に出かける人の時間を15分取った時間泥棒なんだよ。次からはどうしたらいい？」と聞いて、次からは15分前倒しして準備する必要性を納得させるのです。

そうやって時間を意識させることで、怒らずに「ダラダラする」ことを無くしていけるのです。

もちろん、一度言ったくらいでは決して出来るようにはなりません。子育ては「年単位」で見るようにしています。去年より出来るようになったと感じると思います。

リマインドメールのひと手間で、スケジュールを守る

なお、自分が組んだスケジュールを滞りなく美しくこなすためには、娘や家族の協力もそうですが（P79を見てもらえば分かりますが、夫と娘のスケジュールも自分のスケジュールの上段に記入しています）、自分以外の人の協力（時間を守る意識）が不可欠です。

例えば、打ち合わせの時間を決めておいても、相手が忘れたり遅

二度寝はご褒美!?

子供ってなかなかパッと起きられないですよね。そこで私の娘には、起きた後、朝食の準備ができるまで「ソファで二度寝していい」ことにしています。「すぐ起きてすぐ食べる」のは苦痛ですが、ソファで二度寝というご褒美をあげることで、すぐ起きてこられるようになりました。ソファで10分ボケーっと、ご飯ができる匂いを嗅ぎながら徐々に覚醒していくのが、至福の時間のようです。

れてきたりすれば、打ち合わせがリスケ（予定変更）になったり、時間が伸びれば後の予定にまで響きます。そこでオススメなのが「リマインドメール」です。

私は人と会う予定がある場合は、前日に必ず「明日の○時○分、○○○でお待ちしております。○○○の件のお話を伺えるのを非常に楽しみにしております」などとメールを打ちます（隙間時間を利用して）。

たった1通メールを入れるだけで、お互い遅刻する確率を劇的に減らせるのです。たとえ相手から「10分くらい遅れるかもしれません」と返信が来ても、事前に分かることで、それに応じて自分の予定を対応させることが可能になります。

スケジュール帳は、時間の神の預言書

日々「時間に追われている」と嘆いているアナタ! 逆に自分の方から時間を使いこなしてみませんか? 都度、次の行動を考えていたのでは、次のアクションを起こす心の余裕がなく、時間の波(忙しさ)に翻弄されるばかりです。事前に「詳細にタイムスケジュールを組む」ことこそが「時間を支配する」ことなのです。

自分で「これがベスト」だと考え抜いて決めたタイムスケジュールを、神(実際は過去の自分)からの啓示のように一切の迷いなく、黙々と完遂させる。単純なようですが、これこそが、無駄のない美しい時間の使い方なのです。

第5章 時間持ち体質の作り方

時間持ち体質のベースは「体力」

お金に関して「お金持ち（節約）体質」「貧乏（浪費）体質」、ダイエットに関しては「やせ（やすい）体質」「太り（やすい）体質」等と言ったりしますが、時間に関しても「時間持ち（タイムスペー

スが広がりやすい）体質」はあります。

それは「集中力」や「モチベーション」が湧きやすい体質のことですが、具体的に一番大切なのは「体力」（健全な肉体）です。

人間、カラダ（特に脳）が疲れていては集中力もモチベーションも全然湧いてきません。深夜残業すると効率が下がるのはこのため（タイムスペースが大幅縮小）です。健全な「活き活きボディ」なくして、理想的なタイムスペースは得られません。

忙しい人こそ時間投資して、時間を増やそう！

忙しくても「体力アップ、体力維持」の時間は惜しみません。「体力アップの時間こそ、時間の無駄では？」と思う人がいるかもしれませんが、わずかな時間を割くだけで、日々のタイムスペースは格段に拡大するので、非常に効率のよい「時間投資」といえるでしょう。

私の場合、週1～2回、早朝ジョギング&早歩き（同時に腕振り運動も、計45分間）とスポーツジムで週1回、出勤前の朝トレを行っています。歩いたり走ったりすると、有酸素運動、血行改善、脂肪燃焼になるのはもちろん、無心になれて脳が空っぽになり「脳のリフレッシュ」効果も抜群なのです。そのため、ジョギング中に「良いアイデア」を思い付くこともしばしばです。

また走り続けていると、最初は苦しくても徐々に「脳内麻薬（アドレナリン）」が出てくるようで、何故だか意味もなくモチベーションの泉がドバドバ湧いてきて、その日、非常にテンション高く過ごすることができます。24時間中のたった45分、朝に時間を割くだけで、数日間のタイムスペースが格段に広がるという訳なのです。

きっかけは、生放送中の「悪魔の羽根」

そもそも運動を始めたきっかけは30歳の時、Tシャツを着た自分の姿を見たことです。番組のロケだったのですが、スタジオでVTRに映った自分の後ろ姿を目にした時、天使の羽根（健康的な肩甲骨のライン）ならぬ「悪魔の羽根（ブラジャーの上のハミ肉）」が生えていたのです！

もう恥ずかしいやら超ショックやら、そんな中年の脂肪ががっつ

り付いてTシャツが似合わなくなったわがままボディをなんとかしようと思ったのがきっかけでした。始めた当初は危機感というモチベーションもあり、毎朝欠かさずにウォーキングしていました。

しかし、ゆるいウォーキング程度ではなかなか脂肪も燃えず…。そして35歳の時に結婚が決まり、ウェディングドレスを着るために本格的にやせなくてはならなくなったのです。そこで、早歩きに切り替えたのですが、これがきつくて。最初は10分から始めて「あの少し先の電柱まで頑張ろう」「あと車が10台すれ違うまで頑張ろう」と、少しずつ自分を騙し騙し、徐々に時間を伸ばしていきました。

そして最終的に45分に落ち着きました。また45歳の時、番組でハーフマラソンに挑戦することになった頃から、ジョギングも取り入れています（また電柱1本づつ増やしていきました…）。今49歳ですが、

10年前より確実に体力もあり、カラダのラインも今の方が好きです。

ウォーキングは最高の妊活だった！

そんな経緯で始めたウォーキング習慣ですが、思わぬ嬉しい副産物もありました。超元気な私ですが、実は10代の頃から子宮の調子が悪く不正出血が続いていて、ずっと生理不順。クリニックには16歳の頃から定期的に通っていました。

20歳くらいの頃、医師から「26～27歳くらいの、一般的にいちばん子宮が成熟している良い時期に妊娠しないと、今のままでは妊娠は難しいでしょう」と言われたのです。

日の出ジョギング

昼の光（強力な紫外線）を浴びたくないせいもあり、早朝（朝日が昇り始めるくらい）ジョギングをしています。起きてすぐパパパっと着替え、すっぴんに日焼け止めを塗り、ストレッチをしてから家を出ています。時間がある日は、少し遠くの美味しいパン屋の開店時間に着くように計算してジョギングしたりもしています（ご褒美があるのでがんばれる）。買い物した帰りはバスに乗って帰ります（笑）。

しかし、そうは言われても、ちょうどその頃は結婚より仕事…。と言うより自分探しに必死の時期（実際、私が結婚したのは35歳…）。

しばらく病院に行っておらず、結婚が決まってひさびさに婦人科の検診に行くと「いったい何したの？　信じられないくらい子宮が若くなってる！」と驚かれて。

30歳から始めた毎日のウォーキングのおかげで、骨盤が動かされ、下半身の血行も良くなり冷え性も改善され、長年の子宮の不調がすっかり改善されていたのでした（今は通院することもなくなりました）。

おかげで、結婚するとすぐに子供を授かることができました。間違いなく、早朝トレーニングが妊娠できた大きな要因のひとつだと思います。なので、妊活の人にはウォーキングや骨盤運動を勧めています（個人差あり）。

筋肉量の低下は、すなわち体力の低下

　また、ジョギング&ウォーキング（有酸素運動）にプラスして、筋力維持のため、週イチでジムに通い「筋トレ」も続けています。週1回ぐらいでは筋肉バキバキのムキムキボディにはなれませんが、筋力維持には欠かせません。

　加齢で自然と筋肉量は低下していくので、中高年以降は、意識して筋肉を鍛えること（筋活）が必要です。

ケンカしても笑顔で「行ってきます」

私も神ではないので、娘とケンカする時もあります。でも、我が家には絶対ルールがあり、それは「ケンカしても、家を出る前には絶対に仲直り」です。なぜなら、もしケンカしたまま家を出て、もしももしも出先で交通事故や事件に巻き込まれてしまったら、二度と仲直りできなくなるじゃないですか。「ケンカしたまま、お母さん死んじゃった」じゃ、一生後悔してしまう。なので、どんなにケンカしても家を出る時は仲直りして、笑顔で「行ってきます」なんです。

ジム通いに加え「トイレに行くたび1回スクワット」「歯磨き中に体幹トレーニング」（イラストのように内ももで空のペットボトルを挟みます）など「筋力アップ習慣（マルチタスク）」も毎日の生活に取り入れています。

体力が落ちると、集中力やモチベーションは確実に下がり、タイムスペースはみるみるしぼんでしまいます。

日々の実効時間を増やすためには、その土台となる「体力」を維持するための習慣が不可欠なのです。

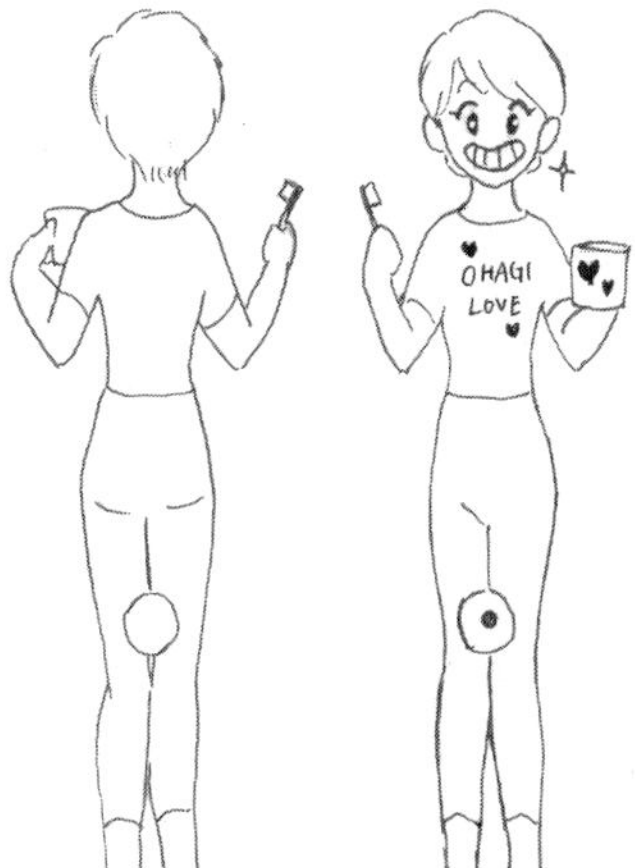
OHAGI
LOVE

第6章

睡眠を制する者は時感を制する

睡眠は1日最大のタイムイベント

前章にて、時間持ち体質のベースは「体力」であり、カラダを鍛える時間を惜しまないことの大切さを説きましたが、カラダをただ鍛えるだけでは体力は増しません。運動習慣と同等に不可欠なのが、

P36〜でも紹介した「睡眠」です。

睡眠は、集中力アップのための最強の武器（脳のリフレッシュ）ですが、本来は「カラダの休息、修復」が目的です。また、1日24時間のタイムスケジュールにおいても、最長の時間を占める非常に重要なタイムイベントです。

忙しい時こそ、睡眠の時間を惜しむべからず

実は、講演会などの際、質問コーナーで一番多く訊かれる質問が「敦子さんはそんなに忙しくて、寝る暇があるのですか?」。安心してください、ちゃんとしっかりトータル6時間は寝ています（笑）。

走りながら瞑想タイム

ジョギング中が一番の瞑想タイムです。走っている間、頭の中は空っぽ状態。するとあら不思議、よいアイデアがポンポン、ポンポン浮かんでくるのです！ 走ることでアドレナリンが出ているのかもしれません。ジョギングに限らず1週間に一度程度、積極的に脳を空っぽにする時間を作ると、脳が活性化するはずです。

寝る時間を削って仕事の時間を確保しても翌日、疲れが取れていないためタイムスペースがしぼんでしまい、トータルで見ると逆に美時間が減ってしまいます。

その日の疲れはその日のうちに取る、慢性疲労はダメ絶対！が時魔女（タイムスペースが広い人）の鉄則です。

入眠のコツは、疲れ切る＆刺激しない

そこで、良質な睡眠を取るコツですが、私が自然にやっているコツは「疲れ切る」ことと「寝る前に脳を刺激しない」ことです。

仕事を終えて帰宅すると、すでに電池がほとんど残っていない状

態で、早寝してしまいます（21〜22時頃に寝て、早朝2〜4時に起床）。超早起きしているため、夕刻にはもうクタクタの状態なので、すぐに入眠でき、眠れないという経験はほとんどありません（一説には、そこは気絶しているだけとも…笑）。

なお、寝る直前までTVやスマホを見ていると、目を通して光が脳を刺激、興奮させるため入眠の妨げとなります。

もしも寝付けない場合は、お気に入りの（紙の）漫画や小説を読んだり、ゆったりした音楽を聴くことをオススメします。

また最近は、入浴はシャワーだけ、の方も多いようですが、毎晩、湯船に浸かるようにしています。汗をかきながらじっくり温まることも、良質な深い睡眠につながっているようです。

就寝前の瞑想タイム

毎日お風呂に入り、必ず湯船に浸かります（5〜10分程度）。浸かっている間は何も考えず、頭の中を空っぽに。入浴と瞑想のマルチタスク？　で、瞑想すると眠くなるので、お風呂の30分後にはもう寝てます。深く眠るには入浴が一番です。

「ちょこ寝」は簡単に出来る最高のマルチタスク

なお、睡眠は「夜に取るもの」だけではありません。

カラダの修復を促進する「成長ホルモン」が分泌される、23時から2時の間に寝ていることがベストですが（私は偶然、まさにこの時間帯に寝ています）、お昼寝やちょこちょこ寝も「立派な休息効果」があるのです。

毎日、ヘアメイクの間（20分間）に爆睡しています。マルチタスクという観点からも「ちょこちょこ寝」は非常に有効なのです。

もし会社員の方でお昼休みが1時間あるのなら、10分程度「お昼寝」にあててみませんか？

午前中の疲労もバッチリ取れ、きっと午後の仕事が格段にはかどることでしょう。

ちなみにこの本の出版社の代表も昼食後、スマホでヒーリングミュージックを聴きながら、アラームをかけ机に突っ伏し、ちょこ昼寝をしているそうです。

また、電車やバスなど、通勤通学中も絶好の「ちょこ寝」タイムです。移動しながら睡眠も取れる、まさに超カンタンに実践できる「マルチタスク」ですね。

隙間時間やマルチタスクを使った積極的な睡眠は、美時間を継続させる秘訣です！

カラダの不調は汚時間のもと

以上、「体力アップ」と「睡眠」の大切さを力説してきましたが、この2つは「健康」維持のためにも不可欠です。

忙しさにかまけておろそかにすると、風邪などの病気はもちろん、体調不良がタイムスペースを大収縮させ、慢性的に「汚時間」を発生させてしまいます。時間を増やすための敵はまさに「体調不良」なのです。

いくら仕事が忙しくても、運動習慣や睡眠を削ってしまっては体力が落ち、日々のタイムスペースが縮小して結局は非効率になるばかりではなく、体調不良や病気というしっぺ返し（汚時間の発生源）

まで襲ってくるかもしれません。
忙しいときこそ逆に、運動、睡眠、バランスの良い食事を優先させるべきなのです。

第7章 無駄な時間を生まない空間作り

整理整頓は必要ない⁉

時間を最大化するコツですが、忘れてはならない重要キーワードがあります。それは「空間」です。人間は「時間」と「空間」がなければ存在できません。美空間なくして、美時間はないのです。

おはよ〜!!
袋の中は…
ハンガー掛け
ネックレス専用ハンガーは壁に取りつけている.
バッグ
壁には翌日着用の服とアクセとバッグも一緒にコーディネート
ジョギングセットが入った袋は動線上のイスに掛けてある.

おっと、この場合の「美空間」ですが、正確には「美時間を生み出す空間」です。すなわち、いわゆる「キレイに片づいた部屋」とは根本的に違います。

確かに、美しく整理整頓された部屋は、気持ちよく、テンションが上がります。でもその維持には、例えば衣類をコンパクトに畳み、きちんと分類して収納するなど、多くの時間も要します。なので私は「時間を要する片づけ」はしていません。

ハンガー収納は最高の時短

衣類の場合、下着を除き、すべてハンガーに吊るしてクローゼッツ

収納は目的別

分類して収納するのが普通ですが、各所から取り出してセットを組むのは時間のムダなので、なるべく目的別にワンセットにして収納しています。例えば、旅行用はスーツケースの中に変圧器・変換プラグまで全部。冠婚葬祭用は黒ストッキングまで紙袋1個にまとめて入れています。お弁当用も、弁当箱、ナプキン、お箸と、まとめて置いています。

トに収納しています。デニムなどのパンツやTシャツも全部です。こうすれば「畳む」「分類して収納する」という作業の時間は一切不要となります。また、パッと見るだけで何がどこにあるか一目瞭然で「探す手間」もなく、コーディネートを考える時間もスピーディです。

なお、クローゼット収納のスペースには限りがあります。そこで半年ごとに「自宅フリーマーケット」を開催し、着なくなった服は譲っています。

服を買うのではなく「ときめき」を買う

また、私のファッションの持論は、今持っている服に合わせて、新しいアイテムをあれこれ考えて買い足すより（失敗する確率高し）、同じブランドで上下をトータルに揃えた方が、絶対に良いコーディネートになる、なのです。

毎シーズン、コーディネートしたものを買い揃えるため、前シーズンの服は着なくなります。

毎年新しいコーディネートでテンションが上がり、しかもセット数もそんなに必要ありません。心のときめきを買っている、という感じでしょうか（ファストファッションのブランドも大好き！）。モノへの執着心はありません。

また、忘れてはならない服選びの重要なポイントは「なるべくシワが出来ない」ことです。アイロン掛けが多いと、それだけで大量

アイロン掛けは主婦の敵⁉

家事の時間を短縮する早道は「洗濯関係」です。バスタオルは論外ですが（次ページ参照）、「アイロン掛け」が必要なものは極力減らしています。ハンカチはタオル地のタイプにしたり、ノーアイロンのシャツにするなど。乾いても畳まずにすみ、クローゼットへ移動させるだけなのでラクチンです。

の時間が奪われてしまいます。なので、アイロン掛けはなるべく減らしたいという訳です。どうしてもの時はハンディタイプのハンガーに吊るしたまま使用できるアイロンを愛用しています。

バスタオルは無用の長物

洗濯の工夫として、我が家には「バスタオル」がありません。皆さん、入浴後に体を拭くのはバスタオル、と無意識に決めつけていませんか？　普通のタオルで全然ＯＫです。バスタオルは洗濯の際、非常にかさばるし、乾かすにも時間がかかり、収納の場所も取られます。時間節約のため、思い切って捨ててみたら、本当にスッキリしました！

ちなみに、下着やタオルはタンスに収納していますが、クルクル巻いて縦に入れて、引き出しを開けた瞬間「何が入っているか」がすぐ見えるようにしています（畳む時間と探す時間を省くため）。

コンパクトに畳んでギュウギュウに詰めた方が収納力は上がりますが、私の場合、空間を節約するよりも、時間の節約の方が断然、優先度が高いのです。


なお靴の場合も、収納スペースが限られているため、一足買ったら、一足処分しています。「いつかは履くかも」と見えない箱に収納していても、けっして出番はないのです。

あっ、靴だけでなく、いつか着るかも、やせたら着るかも、高かったから着るかも……の服に出番が来たことも49年間で一度もありません（笑）。

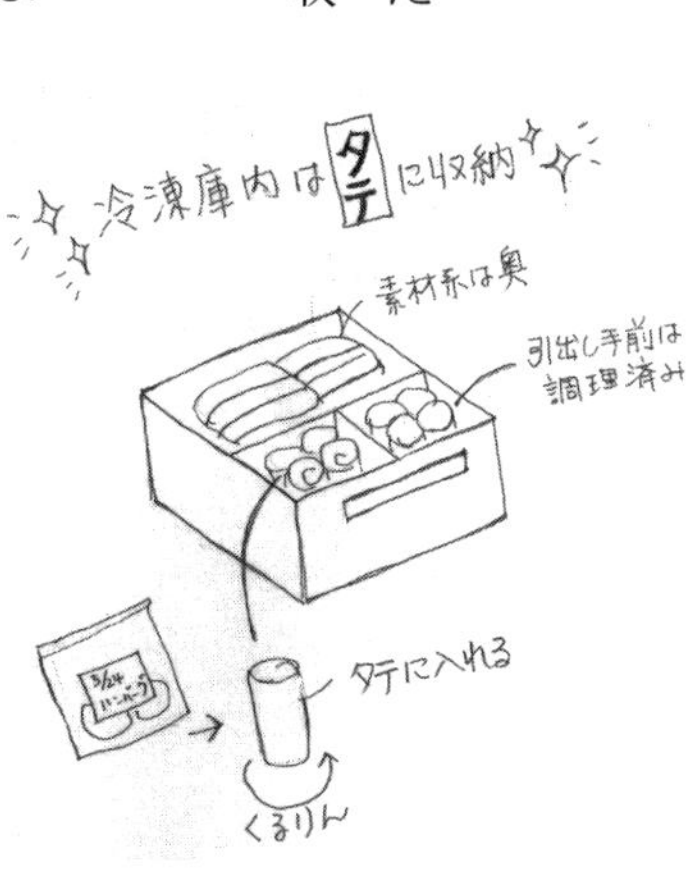

汚バッグは、まさに動く汚部屋

もうひとつ、女性にとって忘れてはならない重要な空間に「バッグ」があります。

結構、バッグの中身がグチャグチャの「汚バッグ」状態の女性を見かけますが、モノを取り出すたびにゴソゴソ探さねばならず(持って来るのを忘れた、と思ったら底にあったとか)、汚部屋でモノを探すようなもので、実は小さな時間のムダ使いを積み重ねています。

そこでオススメなのが「バッグ・イン・バッグ」です。縦に入れるのがポイントで、上から見ただけで、何がどこに入っているか一

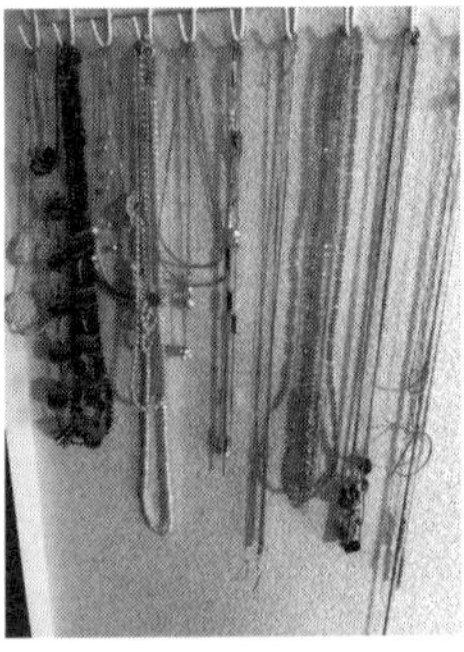

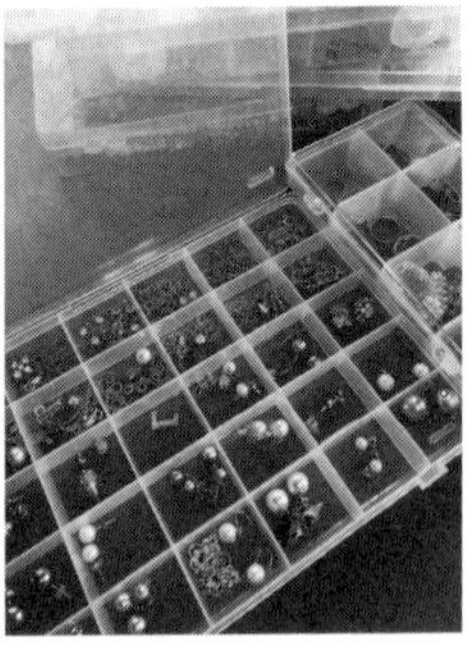

ネックレスは専用のハンガーに、アクセサリーは透明のプラケースに「見える化」して収納しています。

発で分かります（写真参照）。

仕事柄、持ち物が多いのですが、この方法なら、モノが多くてもスッキリした印象になります。またバッグを替える際、中身を入れ替えるのにも非常に便利ですね。

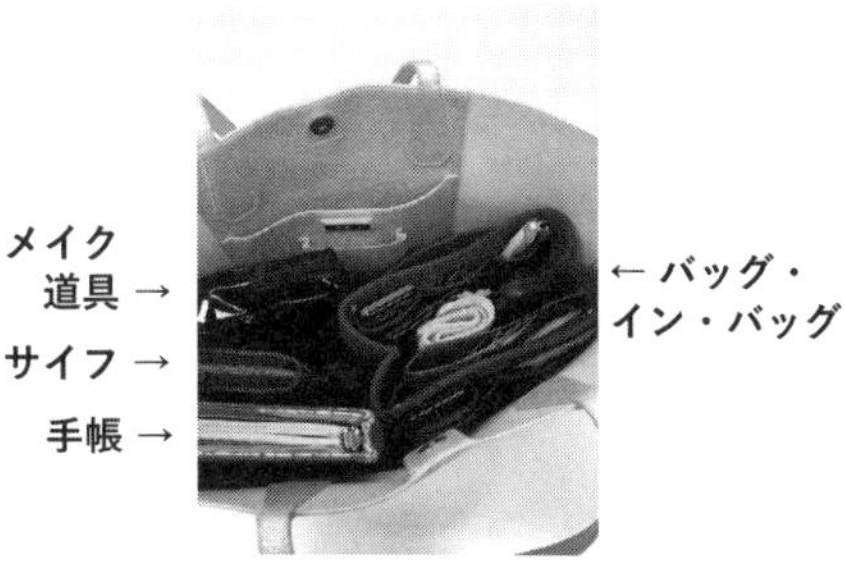

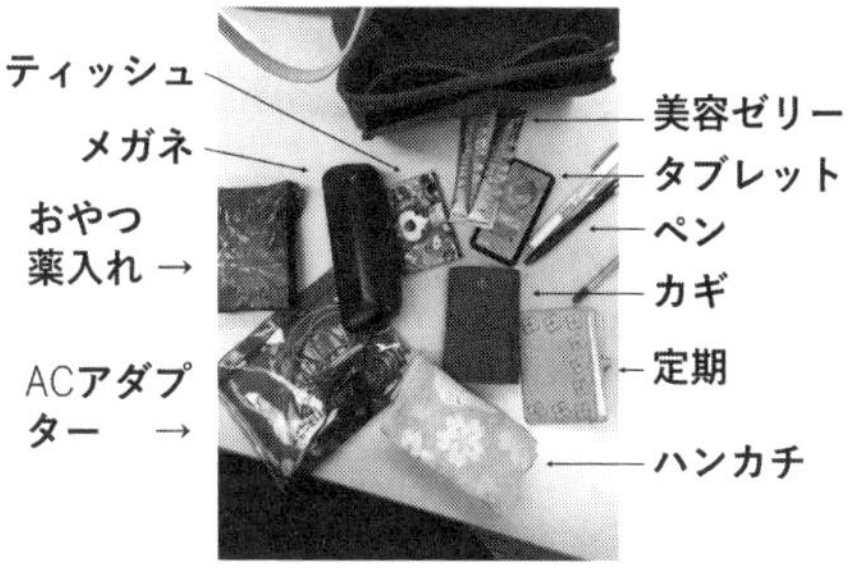

上にスカーフなどをかぶせれば見た目スッキリ！

第8章

時を遅らせるアンチエイジングの魔法

肌の美しさは血液の美しさ

昔から、美容に関しては「趣味」と言ってもいいほどハマっています（ちなみにエステに通い出したのは19歳）。時魔女というからには「体内年齢」に関するコツ（アンチエイジングの魔法）につい

ても、ご紹介させていただきます。

アンチエイジングケアの王道といえば「スキンケア」ですが、私は「肌の美しさは血液の美しさ」だと思っています。血がドロドロに汚れていてドス黒ければ、どんなに頑張ってスキンケアしても、肌は美しく見えないのです。

ウォーキングで全身の細胞がイキイキ！

では美しい血液を作るために私が実行していること。まずは、週1～2回（各45分間）で習慣にしている「早歩きウォーキング＆ジョギング」。

ウォーキングをすれば、血行がよくなり、また有酸素運動で血液に酸素が取り込まれ、全身の細胞に酸素が行き渡ります。血液と酸素をブレンドさせて全身に回しているイメージです。

ウォーキングする際は、マルチタスクとして「腕振り運動」も同時に行うのですが（Ｐ24図解参照）、こうすることで腕や上半身の血行もより促進されます。

湯船は美人の湯

また毎日の入浴の際は必ず湯船に浸かります。カラダが温まり血行もよくなるので、こちらもオススメです。美容の意識が高い人は

入浴が肌に良いとご存知かもしれませんが、意外とシャワーだけで済ませる人も多いのです。

なお気を付けたいのが、入浴後のスキンケアです。お風呂から上がると、秒単位の速さで肌の水分が乾燥していきます。

そこで、脱衣所にある洗面台にスキンケア用品一式を置いておき、カラダを拭くと即座にスキンケアをしています。

ちなみにその後、身体を拭いたタオルで、洗面台や鏡も拭いていています（マルチタスク）。拭いたタオルはそのまま洗たくカゴへ。毎日のルーティンに入れているので洗面所はいつもピカピカ。小まめに掃除する習慣を身に付けておけば、掃除の際、それほど汚れておらず楽になります。

スキンケアは秒との闘い

実は、お風呂上りの 30 秒以内に保湿しないと肌が乾燥していきます。毎日のことなので、何十年も積み重なると大変な差に…。そこで私は、脱衣所の洗面台に美容液、クリーム、化粧水を置き、お風呂上りにすぐ、立ったままスキンケアをしています。寝室の鏡台に行く時間も節約できます。そしてメイク道具は、ひとまとめにしてダイニングルームに置いています。

肌の美しさは腸の美しさに比例する

朝、起きたらすぐ行う習慣に「白湯でデトックス」があります。熱めの白湯を飲むことで、腸の中をキレイに洗い流すのです。お皿の油汚れをお湯で取るイメージですね。お茶など何か成分が入っていると吸収されてしまうので、「真水」を沸かすことをオススメします。

朝に白湯を飲むと腸内の悪いものがリセットされ、なんだか体中の臓器や細胞が目を覚ましていくようで、カラダにエネルギーが満ちていく気分です（テンションもアップ）。また朝だけでなく夜も寝る前に少量飲みます。大量に飲むと夜中にお手洗いに行きたくなるので要注意。

なぜ白湯を飲むかというと、肌に関するもうひとつの持論に「肌の美しさは腸の美しさに比例する」があるからです。腸内環境が悪くなるとお肌にブツブツが出来るのは、血液が汚れるばかりでなく、免疫力が落ちてしまうから。お肌の調子ばかりでなく、体調はもちろん、テンションまで低下してしまいます。

また、白湯だけでなく、ヨーグルト（腸内環境を整える乳酸菌）も摂るようにしています。オススメは「ヨーグルトメーカー」（牛乳をヨーグルトに変える家電）。1つのヨーグルトを牛乳パック1つ分に増やせます（非常に経済的）。作ったヨーグルトに甘酒の酵素を混ぜて食べています。

その他には、酵素ドリンクや青汁、蜂蜜も。とにかく腸内環境やカラダにいいことは、積極的に取り入れ、ルーティンにするようにしています。

朝起きるコツ

朝、なかなか起きられない人は「お楽しみ」を用意しておくとよいです。例えば、朝食にドーナツやスコーン、チョコパンなど好きなモノを用意するだけで、テンション高く起きられるはずです。私の場合は、新作のパンやスイーツ（笑）。…はい、朝からあんこスイーツ食べちゃいます。「朝はこれ」というルーティンを見直してみましょう。少々手間やコストがかかっても、素晴らしい一日のスタートが切れ、十分元が取れるはずです（毎日だと太るので、お楽しみは時々で）。

しています。

卵を食べてたまご肌に！

以上、スキンケアに関する持論と実践法を述べましたが、実は、幼い頃から続けている究極の奥義があります。それは「ゆでたまごを食べる」こと。とにかく子供の頃からゆでたまごが大好きで、私のカラダはゆでたまごで出来ていると言っても過言ではありません（笑）。

朝は先ほど紹介したように、起きてすぐ、白湯↓酵素ドリンク↓甘麹ヨーグルト↓フルーツと摂取するのですが、それプラス、ゆでたまご（タンパク源）を2個作っています。お腹が空いていればそのまま1～2つ、空いていなければ持ち歩いて小腹が空いた時に食べています。私の場合、主食がゆでたまごなのです。

年齢のわりには肌にハリがあると言われることがあり、ゆでたまごのおかげかなと思ってます。

美肌の方に聞くと、ゆでたまごを食べている方が多く、今では顔を見ただけで、その人が卵好きかどうか分かるほどになってしまいました（笑）。地方にロケ等に行くと、ご当地たまごを箱買いするのですが、あっという間に食べ尽くしてしまいます。

あんこでアンチエイジング⁉

ちなみに私（別名・アンコンヌ）は普段、家ではご飯（白米）や

卵は箱買い

卵が好きで、年間 700 個は食べているかも（笑）。特にゆでたまごが大好きで、毎朝２個食べて、娘のお弁当にも２個使いますし。１日に５～６個食べることもあります。私の周りでも卵好きの人は、肌にハリがあるように思います。ゆでたまごはプロテイン代わりにもなるし、腹持ちするのでダイエットにもいいですよ（…もちろん食べすぎはよくないでしょうが…）。

麺類はほとんど食べず、代わりに、おはぎ等の「あんこ」を食べています（あっ、外食の場合は何でも食べます）。

「あんこ」の健康・美容効果は、食物繊維はもちろんのこと、血液サラサラ効果の小豆サポニン、貧血や冷え性に効果のある鉄分、シミやシワを防いでくれるポリフェノールなど嬉しい効果が山ほどありますが、そんな知識を得る前からとにかく「小豆」が大好き。自分へのご褒美として「一日一あんこ」を日課とし、食べるとテンションが一気に10倍以上アップしています！

あまり健康効果ばかりにこだわりすぎるとストレスになるため、適度に「好きなもの」を食べることも大切かなと思います。テンションが上がればタイムスペースが広がり、時が遅く感じられる……時が遅く進む！

思えば、歳のわりに若々しい方は皆、明るくテンションが高めで、ポジティブマインドの方が多いように感じます。明るい気持ちで毎日過ごすことが、究極のアンチエイジングにつながるのではないでしょうか。

魔法のアンチエイジングは「声」！

老化は、なにも肌年齢や体内年齢ばかりではありません。実は、声も老化します。歳とともに声はどんどん低くなっていきます。声帯も喉も結局、筋肉ですから。

それと耳も老化して、年齢を重ねると、中低音が耳心地よくなっ

アンコンヌ

「今村さんはあんこ好きなので、シロガネーゼならぬ『アンコンヌ』ですね」と、地元タウン誌『シティ情報ふくおか』編集長・古後大輔氏が命名。同誌で「アンコンヌ オススメのお持たせ」を掲載したことも。

てきます。高齢者が演歌や落語が好きなのは、中低音でゆっくり速度というのも理由のひとつです。そんな耳に合わせてしゃべるため、自分の声もどんどん中低音になっていくという訳です。

声の老化対策として、もっとも簡単な方法をお教えしましょう。いつも話す声より1音か2音高い声を意識して出すようにしましょう。ドレミでいうとファ、ソの音でしゃべる。1音か2音上げるだけで、声の印象ががらりと変わります。一気に若々しい印象になり、周りの空気さえ明るく変えてしまう効果があります。

朝の「おはようございます」の挨拶を、口角を上げ、少し高い音で言ってみましょう。一瞬で、若々しい印象を与えられると思います。

ちなみに、声が良い（若々しい）人は、異性にモテると言われています。人間は無意識に、声が良い人は「免疫力が高い」と認識するそうなのです。好きな芸能人のランキング上位の方も声が良い方が多いですよね（福山雅治さん、竹野内豊さん等々）。

婚活も「声のアンチエイジング」から始めると、素敵なご縁につながるかも？ です。

アナタ自身の「ファ、ソ」の見つけ方

まずは「ド、レ、ミ、ファ、ソ」と、自分がドレミファソと思う高さで発声してみてください。声って、実は人それぞれ。高い人もいれば低い人もいます。今のが、アナタの声オリジナルの「ドレミファソ」になります。そのアナタの声の「ファ、ソ」で話すよう心掛けてみてください。

最終章

人生を変える時間の魔法

この世は、幻想（お約束）が9割

私は、子供の頃から松本零士大先生の『銀河鉄道９９９』が大好きで、時空を彷徨う永遠の旅人「メーテル」に、恐れ多くもずっと憧れ続けてきました（その結果……欄外参照）。ところで何故、メー

JR博多駅にて
イタイわ〜
何あれ?!
ヒソヒソ
みんな…
早く来てよ…

テルはいつまでも若くてお肌ピチピチの超絶美女のままなのでしょうか？（漫画やアニメだから当たり前…笑）

私は、銀河超特急９９９号が光速あるいはそれ以上のスピードで走っているため、乗っている間はほとんど時間が進んでいないからだと推測しています。そうです、時間は「速ければ速いほど遅く進む」性質があるのです。

また、日本の時間に関しても、江戸時代までは日の出と日没を基準とした「不定時法」が使われていて、なんと季節によって昼夜の時間の長さが違っていました。

このように、絶対不変な指標であると思い込んでいる「時間」ですら、実は絶対ではありません。時間も、ただの紙切れを高価値な

ホメーテルとは？

FBS 福岡放送「めんたいワイド」の人気コーナー「福岡ホメーてる」（全国で福岡が日本一と褒めてもらう旅のロケ）に登場する謎の美女（49歳）。他に鉄郎や車掌さんも。ゴールデンウィークで大混雑の博多駅で初登場した際は、カメラクルーが来る前に着いて一人で待つことになり恥ずかしかったそう。

モノと見なす「お金」と同様に、人類の「共通幻想（お約束）」なのです。この世のほとんどは、共通幻想で出来ていると言っても過言ではありません。もし人生で成功したいなら、そんな「共通幻想」スタイルから一旦離れてみましょう。

社会が作った価値観イコール自分の幸福、ではないのです。

自分の価値観で決めた時間を生きる

例えば、多くの社会人がランチを12時に食べますが、なぜ「12時に食べる」ことにこだわるのでしょうか？会社の規則、学校の給食など決められていた頃からのクセで、縛りはなくなっても12時になると昼食と思い込み、行動していませんか？

しかし13時にズラすだけで（会社の規則で可能なら）、空いたお店で並ばずに食べることが出来ます。また、もしフレックスタイムの会社なら、通勤時間を少しズラすだけで快適な通勤も可能となります。夏休みなど長期休暇に関しても、時期をズラせば格安でゆったり快適な旅を楽しむことができるでしょう。

社会の「当たり前」のタイムスケジュールに盲目的に従うのではなく、自分の価値観で改めて「自分の時間」を見直してみましょう。思い込みによる「意味のない習慣と無駄」が見つかるはずです。

私の場合、子供の頃から「時間の効率」のため、社会常識的なタイムシフトは無視して（超早寝&超早起など）「自分の時間」を自

もはや「時間道」

ショッピングモールなどに行く際は、事前にムダな動きのない動線を考えてから行きます。来た道を戻る2度手間の時間がなによりもったいない‼ 買い物は取り置きもしませんし、出合った時が買い時。「他の店でいいモノに出合うかも」と悩まずに購入、それ以降は似たような店に入らないようにしています。とにかく美しい「一筆書きの動線」がこだわりなんです。もはや生活の知恵の範疇を超え、美を追求する書道や茶道のような「時間道」と言っても過言ではありません（笑）。もちろん、完璧な動線が描けると達成感が味わえ、幸せホルモンが出てタイムスペースは一気に広がります。

分で決めて生きてきました。

おかげで「ブレない自分」に近づくことが出来たと思っています。自分の時間を決めることとは、イコール、自分の価値観を問うことだったのです。

多くの人が美味しいと言うメニューが、自分にとって美味しいとは限りません。国民的メニュー「カレーライス」が嫌いな人もいます。本や映画はもちろん、そして「生き方」に関してもしかりです。

時間の常識（共通幻想）の波に流されないためにも、「自分のタイムスケジュール」を一度可視化し、意味のない習慣を捨ててみましょう。

インナー時間を鍛えよう！

また「30代だから」「40代だから」「50代だから」…といった年齢的な「一般常識（社会的偏見）」にも惑わされてはいけません。「体内年齢」や寿命はもちろん、ヤル気やチャレンジ精神など「心の年齢」も人それぞれ、数字上の年齢に意味はありません。

ちなみに、この本を出してくれた出版社の代表も、元は普通の主婦。50歳を超えてまったく未経験の手探り状態からチャレンジして、見事に出版社を設立してしまいました。

今、空前の「筋トレ」ブームですが、インナーマッスルを鍛えるばかりでなく、もっと「インナー時間（自分の時間）」の無駄を見直し、タイムスペースを鍛える（広げる）べきです。いらない物を捨てたり、片づけで空間を有効活用するのと同じく、時間も有効活用ができるのです。

時間こそが、最高に価値あるもの

どんな億万長者だって、時間は「1秒」すら買うことが出来ません。それほど1秒には絶対的な価値があるのに、あまりにも無頓着すぎませんか？

ちなみにインナー時間（タイムスペース）を鍛えさえすれば、1秒なんていとも簡単に増やすことが出来ます。時間を無駄にせず、増やす（広げる）ことができれば、人生の可能性も無限に広がります。

時間に対する認識が変わった瞬間、人生は劇的に変わってゆくのです。

あとがき

最後までお読みくださり、ありがとうございます。

まさか自分が「時間」に関する本を出せるなんて夢にも思っていませんでした。改めて読み返してみると自分でも驚くほどクセのある時間を過ごしていることに気づきました（笑）。

はっきり言います！　全部を真似する必要はありません。

人はそれぞれ自分のペースがあります。自分らしく進むのが一番です。自分の人生は自分の時間。楽しくクリエイトしてくださいね!!

私の生活を「おもしろい！」と言ってくれて「本を作りませんか？」と誘ってくれた、リボンシップの榎枝幸子さん。素晴らしい写真を撮ってくださった、フォトグラファーの常盤響さん。ヘアメイクの赤藤光さん。素敵な衣装を作ってくれたharu-laの内藤晴子さん。

この本を読んでくださった皆様、そしていつも応援してくれる家族、ありがとうございます。

人生は一度きり。自分らしく、心から満足できる毎日を送りましょう。この本が少しでも皆様のお役に立てることを願っています。

心から感謝を込めて

２０２０年１月　今村敦子

装丁・撮影　常盤響
ヘア＆メイク　赤藤光
衣装　内藤晴子（haru-la）
イラスト　えのえださちこ

協力　MAO

主婦の手づくり出版社「合同会社リボンシップ」とは？

百貨店のマネキンで働く主婦（榎枝幸子・55）が、
勢いと手探りで、なんと出版社を設立してしまいました。
リボンシップの理念は「ガチガチの枠を外して、
ワクワクのコミュニケーション！ 信じるものは結ばれる！」
福岡で働く主婦のひとり出版社は、常識にとらわれない
生き方と働き方を、今まさに実践中です!!

リボンシップウェブサイト　http://www.reboneship.com

著者プロフィール

今村敦子

いまむら・あつこ

福岡を拠点に活躍中のタレント、ラジオパーソナリティー。
FBS 福岡放送「めんたいワイド」メイン MC、エフエム福岡「モーニングジャム」「教えて！コンシェルジュ」他、レギュラー多数。中学生の娘のママでもある。
1970 年、福岡県福岡市生まれ。大学卒業後、広告代理店を経て、
天職の TV リポーターの職（人前でしゃべる仕事）に出会い、現在へと至る。
年間 150 店以上を食べ歩くほどのグルメ好き。特にあんこに目がなく、
「アンコンヌ」の異名を持つほど。
早朝のラジオから、月曜から金曜までのＴＶ３時間生放送、土日は各種イベントの
司会業と大忙しなのに、ジョギングにスポーツジム、娘の弁当作りまでこなし、
ここ数十年、風邪をひいたことがないほどの超元気ぶり。
その秘密は……奥様は「時魔女」だったのです！
タレント業の傍ら、子どもの輝く未来を応援する NPO 法人 wing wing の理事、
美容好きが高じて「Atsuko Bi Labo」（今村敦子美容研究所）主宰者、
ダイエットマスター３級、心理学 NLP 資格取得という一面も。

今村敦子オフィシャルサイト　http://www.atsukoi.net
インスタグラム　https://www.instagram.com/atsuko.imamura/

時魔女のススメ

ワクワクと集中力で
時間と人生は無限に広がる！

2020 年 2 月 10 日　初版発行

著　者　今村敦子
発行者　榎枝幸子
発行所　合同会社 リボンシップ
〒 814-0112 福岡県福岡市城南区友丘 5 丁目 20-11
TEL / FAX 092-407-2499
happychild1115@gmail.com
発売　株式会社 星雲社（共同出版社・流通責任出版社）
印刷・製本　シナノ書籍印刷株式会社

ISBN 978-4-434-26721-5　　Printed in Japan